ENSINAR A VIVER

manifesto para mudar a educação

EDGAR MORIN

ENSINAR A VIVER

manifesto para mudar a educação

Editora Sulina

© Actes Sud Play Bac, 2014

© Editora Meridional/Sulina, 2015

Título original: *Enseigner à vivre*. *Manifeste pour changer l'Éducation*

Tradução: *Edgard de Assis Carvalho* e *Mariza Perassi Bosco*
Capa: *Letícia Lampert*
Editoração:*Vânia Möller*
Revisão: *Simone Ceré*
Editor: *Luis Antônio Paim Gomes*

Dados Internacionais de Catalogação na Publicação CIP
Bibliotecária Responsável: Denise Mari de Andrade Souza – CRB 10/960

M858e	Morin, Edgar
	Ensinar a viver: manifesto para mudar a educação / Edgar Morin, tradução de Edgard de Assis Carvalho e Mariza Perassi Bosco.-- Porto Alegre: Sulina, 2015.
	183 p.
	Título original: Enseigner à vivre. Manifeste pour changer l'Éducation
	ISBN: 978-85-205-0742-1
	1. Filosofia. 2. Educação. I. Título.
	CDU: 101
	37
	CDD: 190
	370

Todos os direitos desta edição são reservados para:
EDITORA MERIDIONAL LTDA.

Rua Leopoldo Bier, 644, 4º andar – Santana
Cep: 90620-100 – Porto Alegre/RS
Fone: (0xx51) 3110.9801
www.editorasulina.com.br
e-mail: sulina@editorasulina.com.br

{Setembro/2015}

IMPRESSO NO BRASIL/PRINTED IN BRAZIL

DOMÍNIO DO POSSÍVEL

A crise profunda em que vivem nossas sociedades é patente. Desregramento ecológico, exclusão social, exploração sem limites dos recursos naturais, busca frenética e desumanizante do lucro, aumento das desigualdades encontram-se no cerne das problemáticas contemporâneas.

Por isso, por toda parte no mundo, homens e mulheres se organizam em torno de iniciativas originais e inovadoras que visam criar novas perspectivas para o futuro. As soluções existem, proposições inéditas surgem nos quatro cantos do planeta, com frequência em pequena escala, mas sempre com o objetivo de iniciar um verdadeiro movimento de transformação das sociedades.

Sumário

PREFÁCIO / 9

I. VIVER! / 14
1. O que é viver? / 15
2. Viver bem? / 28
3. Saber viver: filosofia da Filosofia / 31
4. Enfrentar as incertezas / 39
   A incerteza está no cerne da ciência / 40
5. Incertezas do viver / 45
6. Viver livre / 51
7. Para concluir / 54

II. UMA CRISE MULTIDIMENSIONAL / 56

III. COMPREENDER! / 70
1. A compreensão intelectual / 71
2. A compreensão humana / 73
3. Os mandamentos da compreensão / 80
4. A compreensão na escola / 83
5. A compreensão professores-alunos / 87
6. A juventude discente / 88
7. A classe docente / 93

IV. CONHECER! / 98
1. As cegueiras do conhecimento: o erro e a ilusão / 99
2. O conhecimento pertinente / 100
3. O erro de subestimar o erro / 101

4. A reforma de pensamento / 106
Reforma de pensamento e transdisciplinaridade / 106
O sistema / 109
A causalidade circular / 110
A dialógica / 114
O princípio hologramático / 116
O pensamento complexo / 117
Reforma de pensamento e educação / 120
Um programa interrogativo / 121
O circuito das ciências / 127
Aprender a aprender / 128
Educação para a ciência ecológica / 130
A reforma de pensamento e a ética / 132

V. SER HUMANO! / 138
1. A condição humana / 139
Ensinar a identidade terrena / 141
2. A grande narrativa / 142
3. A sociedade humana / 155
4. Uma ética do gênero humano / 156

VI. SER FRANCÊS / 158
1. Os quatro nascimentos da França / 160
2. O afrancesamento continua / 162
3. O afrancesamento pela integração de imigrados / 164
4. As novas dificuldades / 166
5. Em prol das cores da França / 170

CONCLUSÃO: REGENERAR EROS / 176

PREFÁCIO

Este livro prolonga uma trilogia voltada não tanto para uma reforma de nosso sistema de educação, mas à sua superação, termo que significa não apenas que algo que deve ser ultrapassado deve também ser conservado, mas, também, que tudo o que deve ser conservado deve ser revitalizado. Ele obriga a repensar não apenas a função, eu diria até mesmo a missão de ensinar, mas também o que é ensinado. Se ensinar é ensinar a viver, segundo a precisa formulação de Jean-Jacques Rous-seau, é necessário detectar as carências e lacunas de nosso ensino atual a fim de enfrentar problemas vitais como os do erro, da ilusão, da parcialidade, da compreensão humana, das incertezas com que toda existência humana se depara.

Este novo livro não faz senão recapitular as ideias dos precedentes, desenvolve tudo o que significa ensinar a viver em nosso tempo, que é também o tempo da Internet, em nossa civilização, na qual tão frequentemente ficamos indefesos e somos até mesmo usados, em nossa era simultaneamente antropocena, do ponto de vista da história da Terra, e planetária, do ponto de vista da história das sociedades humanas.

Empreendi este trabalho com fé e fervor sob o estímulo caloroso de Jérôme Saltet, cofundador da editora Play Bac, ele também bastante ciente do lado antropológico contido na educação e conscientemente encorajado por saber que este livro é o primeiro de uma série de obras, intitulada *Mudar a Educação*, a ser publicada na coleção *Domínios do Possível*, da editora Actes Sud, destinada a repensar e a tratar de todos os diversos e múltiplos problemas que afetam nosso sistema educativo. Agradeço a Jean-Paul Capitani e a Françoise Nyssen que me permitiram inaugurar essa coleção. Agradeço a Jean-Paul Dussausse, Didier Moreau, Jean-François Sabouret que lançam no deserto francês a Fundação Edgar Morin dos Saberes.

Agradeço aos meus fiéis amigos que me acompanham nesse caminho não preconcebido que é o meu (caminante no hay camino, el camino se hace al andar), Jean-Louis Le Moigne, Mauro Ceruti, Sabah Abouessalam, Gianluca Bocchi, Sergio Manghi, Oscar Nikolaus, Pascal Roggero, Nelson Vallejo, Alfredo Pena Vega, Ceiça Almeida, Emilio Roger Ciurana, Ana Sanchez, Claudia Fadel, Teresa Salinas, Ruben Reynaga, Carlos Delgado, e peço perdão aos que esqueci de mencionar.

Agradeço, ainda mais uma vez, àquela cujo amor, coração e coragem me transmitem o ardor de viver, sem a qual eu teria resvalado ou malogrado, minha companheira de vida e esposa Sabah Abouessalam.

E. M.

Ligamos inseparavelmente a formulação de Hans Jonas sobre o planeta degradado que deixaremos a nossos filhos e a de Jaime Semprun que se inquieta com as carências de nossa educação.

"Que planeta iremos deixar para nossos filhos?"[1]

Hans Jonas

"Para que filhos vamos deixar o mundo?"[2]

Jaime Semprun

---

1 Hans Jonas, *Le Principe responsabilité: une* éthique *pour la civilisation technologique*. Traduzido do alemão por Jean Greisch, Paris: Les éditions du Cerf, 1990. [Edição brasileira: *O princípio responsabilidade: uma ética para a civilização tecnológica*; tradução Marijane Vieira Lisboa, Luiz Barros Mantez. Rio de Janeiro: Contraponto e editora da PUC/RJ, 2006].

2 Jaime Semprun. *L'abîme se repeuple* [O abismo se repovoa]. Paris: Éditions de L'Encyclopédie des Nuisances,1997.

I. Viver!

1. O QUE É VIVER?

"Já é tarde demais para se aprender a viver."

Aragon[3]

Jean-Jacques Rousseau formulou o sentido da educação no *Emílio*, no qual o educador diz a seu aluno: "Viver é o ofício que quero lhe ensinar"[4]. A frase é excessiva, pois somente se pode ajudar a aprender a viver. Aprende-se a viver por meio das próprias experiências, primeiro com a ajuda dos pais, depois dos educadores, mas também por meio dos livros, da poesia, dos encontros. Viver é viver

---

3 Louis Aragon, *La Diane française* [A Diana Francesa]. Paris: L. P. Seghers, 1944.

4 Jean-Jacques Rousseau, *Émile ou De l'éducation*, Livre I: *L'Age de la nature*. [A idade da natureza], em Jean Néaulne, 1762, p.13. [Edições brasileiras: *Emílio ou Da Educação*; tradução Sérgio Milliet. Rio de Janeiro: Bertrand Brasil,1992; *Emilio ou Da Educação;* tradução Roberto Leal Ferreira. São Paulo: Martins Fontes, 2004.

como indivíduo, enfrentando os problemas de sua vida pessoal, é viver como cidadão de sua nação, é viver também em seu pertencimento ao gênero humano. Certamente, ler, escrever, calcular são coisas necessárias ao viver. O ensino da literatura, da história, das matemáticas, das ciências contribui para a inserção na vida social; o ensino da literatura é ainda mais útil pelo fato de desenvolver, ao mesmo tempo, a sensibilidade e o conhecimento; o ensino da Filosofia estimula em cada mente receptiva a capacidade reflexiva e, seguramente, os ensinos especializados são necessários à vida profissional. Cada vez mais, porém, falta a possibilidade de enfrentar os problemas fundamentais e globais do indivíduo, do cidadão, do ser humano.

Viver é uma aventura. Desde a infância, da escola até a adolescência, idade das grandes aspirações e das grandes revoltas, no momento de fazer as grandes escolhas da vida, amor, família, trabalho, e em todas as idades até o fim da vida, cada ser humano se depara com o risco do erro e da ilusão, do conhecimento fragmentário ou parcial.

A escola e a universidade ensinam os conhecimentos, mas não a natureza do conhecimento, que contém em si o risco de erro e de ilusão, pois todo conhecimento, a começar pelo conhecimento perceptivo até o conhecimento por meio de nomes, ideias, teoria, crenças, é simultaneamente uma tradução e uma reconstrução do real. Em toda tradução há risco de erro (traduttore, traditore – tradutores, traidores), assim como em toda reconstrução também. Somos incessantemente ameaçados de nos enganar, sem que saibamos disso. Estamos condenados à interpretação e precisamos de métodos para que nossas percepções, ideias, visões do mundo sejam as mais fiáveis possíveis.

De resto, quando consideramos as certezas dos séculos passados, inclusive as científicas, quando consideramos as certezas do século XX, vemos erros e ilusões dos quais acreditávamos estar curados. Nada indica, porém, que estejamos imunizados contra novas certezas vãs, novos erros e ilusões não detectados. A rarefação do reconhecimento dos problemas complexos, a superabundância dos saberes separados e dispersos, parciais e fragmentários, cuja dispersão e fragmentação são em si mesmas fontes de erro, tudo isso nos confirma que um problema--chave de nossa vida de indivíduo, de cidadão, de ser humano na era planetária, é o problema do conhecimento. Por toda parte ensinam-se os conhecimentos, em nenhum lugar se ensina o que é o conhecimento, enquanto um número cada vez maior de investigações começa a penetrar nessa zona, a mais misteriosa entre todas, a do cérebro/mente humanos.

17

Daí decorre a necessidade vital de se introduzir o conhecimento do conhecimento, desde as primeiras séries escolares até a universidade, inclusive. Por isso, ensinar a viver não é apenas ensinar a ler, escrever, calcular, nem apenas ensinar os conhecimentos básicos úteis da História, da Geografia, das Ciências Sociais, das Ciências Naturais. Ensinar não é se concentrar nos saberes quantitativos, nem privilegiar as formações profissionais especializadas, é introduzir uma cultura de base que implica o conhecimento do conhecimento.

A questão da verdade, que é também a do erro, me atormentou de modo especial desde os inícios da adolescência. Eu não havia herdado uma cultura transmitida por minha família. Por isso, cada uma das ideias opostas tinha para mim alguma coisa de convincente. Era necessário reformar ou revolucionar a sociedade? A reforma parecia-me mais pacífica e humana, mas insuficiente, a revolução mais radicalmente transformadora, mas perigosa.

No início da guerra, eu parecia estar totalmente imunizado no que se referia à União Soviética, ou seja, ao comunismo stalinista.

Entretanto, a partir da contraofensiva que liberou Moscou do cerco e, simultaneamente, a entrada do Japão e dos Estados Unidos (dezembro, 1941), fato que mundializou a guerra, ocorreu um trabalho de conversão em minha mente: para mim, a alienação herdada do tsarismo (Georges Friedmann[5]) e o cerco capitalista iriam explicar as carências e vícios da União Soviética. Uma vez rompido o cerco capitalista, após a vitória dos povos, iria se desenvolver uma cultura fraterna, verdadeiramente comunista. O que eu havia aprendido de Trotski, de Souvarine[6] e de tantos outros foi recalcado nos subterrâneos de minha mente. Uma esperança infinita, quase cósmica, dissipava todas as reticências. O desencantamento começou com o endurecimento do regime comunista. Uma sucessão de mentiras enormes e sórdidas abalou minha moral, até chegar ao choque final que, para mim, foi o processo Rajk[7], em Budapeste, em setembro de 1949. Finalmente, fui vítima de uma exclusão que cortou o cordão umbilical e me libertou (1951). Alguns

---

5 Sociólogo que publicou: *Georges Friedmann, De la Sainte Russie à l'URSS* [Da Santa Rússia à União Soviética]. Paris: Gallimard, 1938. A leitura desse livro participa da escolha que fiz ao aderir ao Partido Comunista em 1942; consultar minha obra: Edgar Morin, *Autocritique* [Autocrítica]. Paris: Seuil, 1959.

6 Intelectuais, militantes políticos anti-stalinistas.

7 László Rajk (1909-1949). Entre 1946 e 1948, Rajk foi Ministro do Interior do governo comunista húngaro, distinguindo-se como um dos mais brutais sanguinários a serviço do stalinismo, do qual acabou sendo vítima. Em 1949, preso e condenado à morte por traição, foi acusado de ter participado de um complô entre o Vaticano, o ditador iugoslavo Tito e os Estados Unidos para derrubar o governo comunista húngaro. Anos mais tarde, ficou comprovado que o processo Rajk, assim como outros, era baseado em acusações falsas, engendradas por políticos que queriam se manter na direção do partido. (N.Ts).

anos depois, dediquei-me a um trabalho autocrítico, publicado em 1959[8], a fim de compreender as causas e mecanismos de meus erros, devidos menos às minhas ignorâncias do que a meu sistema de interpretação e justificação, que me fez descartar como secundários, provisórios, epifenomênicos, os vícios que constituíam a própria natureza do sistema stalinista. Creio ter me desembaraçado para sempre dos pensamentos unilaterais, da lógica binária que ignora contradições e complexidades.

Descobri que o erro pode ser fecundo, desde que seja reconhecido, desde que se elucide sua origem e causa a fim de eliminar sua repetição.

O trabalho libertador da autocrítica que efetuei quis chegar às origens. Compreendi que uma fonte de erro e de ilusões é ocultar os fatos que nos incomodam, é anestesiá-los e eliminá-los de nossa mente. Por meio de Hegel, eu já sabia que uma verdade fragmentária conduzia ao erro global. Graças a Adorno, compreendi melhor ("a totalidade é a não verdade") que a verdade total é um erro total.

Compreendi a que ponto nossas certezas e crenças podem nos enganar ao refletir retrospectivamente sobre todas as cegueiras que conduziram a França à guerra de 1939, sem saber prepará-la, so-

---

8 Edgar Morin, *Autocritique*. Paris: Seuil, 2012. [1959].

bre todos os erros e ilusões de nosso Estado Maior, em 1940, em todas as aberrações e miragens que se seguiram a tudo aquilo. Pensei na marcha sonâmbula de uma nação, de 1933 a 1940, rumo ao desastre, e agora temo o novo sonambulismo que surgiu em nossa crise, que não é somente econômica, não apenas de civilização, mas também de pensamento. Pergunto-me se as angústias, as agitações, as tribulações crescentes em nossos tempos não produzem as fobias e ignorâncias de rejeição e de ódio: "acordados eles dormem[9]", dizia Heráclito.

Em meu livro *O Homem e a Morte*[10], escrito entre 1948-1950, eu já havia descoberto a importância do mito e do imaginário, partes integrantes da própria realidade humana. Sei, desde então, que eles contêm não apenas verdades profundas, mas também ilusões não menos profundas.

Autocrítica foi um novo ponto de partida de uma difícil busca de verdade à qual se dedicou nossa revista *Arguments*[11] (1957-1962), lugar de reques-

---

9 Héraclite: *Fragments*. Paris: Presses Universitaires de France, 5ᵉ édition, 2011; tradução, organização, comentários Marcel Conche. [Edição brasileira: Heráclito: *fragmentos contextualizados;* tradução, apresentação, comentários Alexandre Costa. Rio de Janeiro: DIFEL, 2002].
10 Edgar Morin, *L'Homme et la Mort*. Paris: Seuil, 1951; coleção Points, 1976. [Edição brasileira: Edgar Morin: *O homem e a morte*; tradução Cleone Augusta Rodrigues. Rio de Janeiro: Imago, 1997].
11 *Arguments*: uma seleção de artigos da revista foi publicada na coleção "10/18". Paris: Union Générale d'Éditions, 1976.

tionamento de ideias recebidas ou reputadas como evidentes, um esforço de repensar que nos permitiu "ultrapassar" o marxismo (integrando Marx). Esse esforço de pesquisa foi efetivado em outra investigação, no CRESP[12], inspirado por Cornelius Castoriadis e Claude Lefort, aos quais me associei em 1963. Um pouco antes, logo após um período de hospitalização, eu havia decidido examinar quais eram minhas "verdades", criando a oportunidade para um manuscrito, publicado oito anos mais tarde, sob o título *X da Questão, O Sujeito à Flor da Pele*[13].

Minha obsessão pelo "verdadeiro" conhecimento levou-me a descobrir em 1969-1970, graças a uma temporada na Califórnia, a problemática da complexidade. Na verdade, a noção de complexidade veio esclarecer retrospectivamente meu modo de pensar, que já religava conhecimentos dispersos, já enfrentava as contradições mais do que se desviava delas, já se esforçava em ultrapassar alternativas consideradas impossíveis de superar. Esse modo de pensar não havia desaparecido, embora permanecesse em mim de maneira subterrânea, quando de minha euforia de comunista de guerra.

---

12 Centro de Pesquisas Econômicas, Sociais e Políticas.
13 Edgar Morin, *Le vif du sujet*. Paris: Seuil, 1962. [Edição brasileira: *X da Questão, O sujeito à Flor da Pele*; tradução Fátima Murad, Fernanda Murad Machado. Porto Alegre: Artmed, 2003.]

Doravante, não são somente os erros de fato (de ignorância), de pensamento (dogmatismo), mas o erro de um pensamento fragmentário, e por isso mesmo parcial, o erro do pensamento binário que não enxerga senão o ou/ou, incapaz de combinar o e/e, e mais profundamente o erro do pensamento redutor e do pensamento disjuntivo, míopes diante de qualquer complexidade, e que constituem o problema a ser tratado. A palavra método chegou a mim como indicação de que era preciso caminhar longa e dificilmente para se conceber os instrumentos de um pensamento que fosse pertinente por ser complexo.

Ao percorrer esse caminho, adquiri a convicção de que embora nossa educação ofereça instrumentos para se viver em sociedade (ler, escrever, calcular), ofereça elementos (infelizmente separados) de uma cultura geral (ciências da natureza, ciências humanas, literatura, artes), destine-se a preparar ou fornecer uma educação profissional, ela sofre de uma carência enorme quando se trata da necessidade primordial do viver[14]: errar e se iludir o menos

---

14 Atualmente, tudo o que é ensinado constitui, de certo modo, uma ajuda ao viver: as matemáticas são úteis para saber calcular (embora as calculadoras nos tenham feito perder o hábito de fazê-lo) e, sobretudo, raciocinar logicamente; as ciências naturais, para nos reconhecermos no universo físico e biológico; a história, para nos enraizar no passado e nos inserir no futuro; a geografia, para nos fazer ler a história de nossa Terra por meio da deriva dos continentes, dos plissamentos, do deslocamento das montanhas, do afundamento da

possível, reconhecer fontes e causas de nossos erros e ilusões, procurar em qualquer ocasião um conhecimento o mais pertinente possível. Daí decorre uma necessidade básica e essencial: ensinar a conhecer o conhecimento, que é sempre tradução e reconstrução. Isso significa que pretendo atingir a verdade? O que proponho são meios para se lutar contra a ilusão, o erro, a fragmentação. Como demonstrou Popper, as teorias científicas não chegam a alcançar nenhuma verdade absoluta e definitiva, mas, ao ultrapassar os erros, elas avançam. Proponho não uma receita, mas os meios de despertar e incitar as mentes a lutarem contra o erro, a ilusão, a parcialidade e, principalmente, os meios típicos de nossa época de errância, de dinamismos incontrolados e acelerados, de caráter obscuro do futuro, dos erros e ilusões que na crise atual da humanidade e das sociedades são perigosos e talvez mortais.

    O erro e a ilusão dependem da própria natureza de nosso conhecimento, viver é enfrentar in-

---

estrutura; a literatura nos permite desenvolver nosso senso estético, e os grandes romances, bem como os grandes ensaios, poderiam ser ensinados como uma educação para a complexidade humana. A Filosofia deveria cultivar ou estimular em nós o questionamento sobre nossa existência e desenvolver nossa capacidade reflexiva. A cultura científica e a cultura humanista, infelizmente, cada vez mais disjuntas, poderiam ser religadas para constituírem uma autêntica cultura, que seria uma auxiliar permanente para nossas vidas. Isso, porém, requer uma profunda reforma.

cessantemente o risco de erro e de ilusão na escolha de uma decisão, de uma amizade, de um habitat, de um cônjuge, de uma profissão, de uma terapia, de um candidato às eleições etc. Viver é ter necessidade, para agir, de conhecimentos pertinentes que não sejam nem mutilados, nem mutilantes, que situem qualquer objeto ou acontecimento em seu contexto e em seu complexo.

 É preciso tomar decisões e, para isso, fazer escolhas. O que o pensamento complexo ensina é estar consciente de que qualquer decisão e qualquer escolha constituem um desafio. Com frequência, uma decisão é desviada de seu sentido quando entra em um meio de inter-retroações múltiplas e pode voltar para destroçar a cabeça de seu autor. Quantas derrotas e desastres não foram provocados pela certeza temerária da vitória! Quantas reviravoltas funestas ocorrem após uma embriaguez de liberdade, como as da Praça Tahrir e da Praça Maidan![15]

 Viver é uma aventura que implica incertezas sempre renovadas, eventualmente com as crises ou catástrofes pessoais e/ou coletivas. Viver é enfrentar incessantemente a incerteza, inclusive diante

---

15 Situadas, respectivamente, no centro do Cairo, capital do Egito, e em Kiev, capital da Ucrânia, as praças Tahrir e Maidan simbolizam a força planetária de processos sociais civis contrários às intolerâncias e violências totalitárias dos estados contemporâneos. (N.Ts.)

da única certeza, que é nossa morte, da qual não conhecemos a data. Não sabemos onde e quando seremos felizes ou infelizes, não sabemos de que enfermidades sofreremos, não conhecemos com antecedência nossas fortunas e infortunas. Entramos em uma grande época de incertezas sobre nossos futuros, o de nossas famílias, o de nossa sociedade, o de nossa humanidade mundializada.

Como anunciou Ulrich Beck[16], doravante nos encontramos em uma sociedade na qual se multiplicam os novos riscos, ligados a acidentes técnicos de todos os tipos, desastres de avião, acidentes de automóvel, naufrágios massivos, os riscos criados pelas centrais nucleares pacíficas e, sobretudo, o perigo mortal para toda a humanidade, a multiplicação das armas nucleares. Patrick Lagadec[17] nos assegura que nossa "civilização do risco" "fabrica" catástrofes econômicas, políticas, ecológicas e culturais de maneira sistêmica. Para ensinar a viver é preciso ensinar, também, a enfrentar as incertezas e os riscos.

Viver nos confronta incessantemente com o outro, o familial, o familiar, o desconhecido, o estran-

---

16 Ulrich Beck, *La Société du risque: Sur la voie d'une autre modernité*. Paris: Aubier, 2001 [1986]. [Edição brasileira: *Sociedade de risco: rumo a uma outra modernidade*; tradução Sebastião Nascimento. Rio de Janeiro: Editora 34, 2011].
17 Patrick Lagadec, *La Civilisation du risque. Catastrophes, technologies et responsabilité sociale* [A civilização do risco. Catástrofes, tecnologias e responsabilidade social]. Paris: Seuil, 1981.

geiro. Em todos nossos encontros e nossas relações temos necessidade de compreender o outro e de ser compreendidos pelo outro. Viver é ter a necessidade incessante de compreender e de ser compreendido. Por isso mesmo, nossa época de comunicações não é uma época de compreensões. Durante toda nossa vida corremos o risco da nossa própria incompreensão em relação ao outro e da incompreensão do outro em relação a nós mesmos. Existe incompreensão nas famílias, entre filhos e pais, entre pais e filhos, incompreensões nas fábricas ou escritórios, incompreensão em relação aos estrangeiros cujos hábitos e costumes ignoramos. A compreensão humana não é ensinada em parte alguma. Em consequência, o mal da incompreensão arruína nossas vidas, determina os comportamentos aberrantes, as rupturas, os insultos, os sofrimentos.

Ao parcelar os conhecimentos em fragmentos separados, nossa educação não nos ensina senão muito parcial e insuficientemente a viver, ela se distancia da vida ao ignorar os problemas permanentes do viver que acabamos de evocar. Cada vez mais poderosa e influente, a tendência tecnoeconômica tende a reduzir a educação à aquisição de competências socioprofissionais, em detrimento das competências existenciais que uma regeneração da cultura existencial e a introdução de temas vitais no ensino podem promover[18].

Precisamos obedecer à injunção do preceptor do *Emílio*, de Jean-Jacques Rousseau: "ensinar a viver". Certamente não existem receitas de vida. Mas podemos ensinar a religar os saberes à vida. Podemos ensinar exatamente a desenvolver uma autonomia e, como diria Descartes, um método para conduzir melhor sua mente que permita enfrentar pessoalmente os problemas do viver. Podemos ensinar a cada um e a todos o que ajuda a evitar as armadilhas permanentes da vida.

2. Bem viver?

O que significa viver? A palavra viver tem um primeiro sentido: estar vivo. Adquire um sentido pleno, porém, quando se diferencia viver de sobreviver. Sobreviver é sobre-viver, ser privado das alegrias que a vida pode trazer, satisfazer com dificuldades as necessidades elementares e alimentares, não poder desenvolver suas aspirações individuais. Viver,

---

18 Edgar Morin, *La tête bien faite. Penser la réforme, reformer la pensée.* Paris: Éditions du Seuil, 1999. [Edição brasileira: *A Cabeça Bem-Feita, Repensar a Reforma, Reformar o Pensamento*; tradução Maria Helena Kuhner. Rio de Janeiro: Bertrand Brasil, 2001].

em oposição a sobreviver, significa poder desenvolver suas próprias qualidades e aptidões.

Em inúmeras sociedades, dentre elas a nossa, uma parcela da população está condenada a sobreviver. A maior parte vive na alternância entre o sobreviver e o viver. Viver bem é sofrer constrições, cumprir obrigações? Nesse caso, isso não seria viver de maneira prosaica, ou seja, sem prazeres, sem alegrias, sem satisfações, enquanto viver de maneira poética seria desenvolver-se na plenitude, na comunhão, no amor, na brincadeira? Não estamos condenados à alternância entre o prosaico e o poético em nossas vidas?

Nossos momentos de plenitude não são aqueles em que nosso sentimento é o de "estar bem"? Estar bem e bem-estar tornam-se, então, sinônimos: estamos em condição de bem-estar ao lado de uma pessoa amada, em uma comensalidade amigável, próximos de uma bela ação, no meio de uma linda paisagem.

A palavra bem-estar foi degradada ao ser identificada com os confortos materiais e com as facilidades técnicas que nossa civilização produz. Coisas como sofás macios, controles remotos, férias na Polinésia, dinheiro sempre disponível.

O crescimento das cifras do PIB, do consumo nos lares, dos índices de satisfação dos consumidores indica o crescimento desse bem-estar, mas ignora que um mal-estar psíquico e moral se desenvolve no crescimento do bem-estar material. Essa foi a lição deixada pela juventude californiana que, nos anos 1960, fugiu do bem-estar das famílias mais ricas do mundo para viver em comunidades frugais e buscar a intensidade do viver no êxtase dos concertos de rock, da maconha e das drogas. Nos dias atuais, essa é a via para a sobriedade feliz, tal como indica Pierre Rabhi[19].

Na verdade, o bem-estar ocidental identifica-se com o ter muito, enquanto é frequentemente constatada uma oposição entre ser e ter. A noção de *buen vivir*, ou bem viver, engloba todos os aspectos positivos do bem-estar ocidental, rejeita seus aspectos negativos que provocam mal-estar, abre a via para uma busca do bem viver que comporta aspectos psicológicos, morais, de solidariedade, de convivialidade. Seria necessário introduzir na preocupação pedagógica o viver bem, o "saber-viver", "a arte de viver", o que se torna cada vez mais necessário diante da degradação da qualidade da vida, sob o reinado do cálculo e da quantidade, da burocratização dos hábitos, do progresso do anonimato, da instrumentalização, onde o ser humano é tratado como objeto,

---

[19] Pierre Rabhi, *Vers la sobriété heureuse* [Rumo à sobriedade feliz]. Paris: Actes Sud, 2010.

da aceleração geral, desde o surgimento do *fast-food* até a vida cada vez mais cronometrada. Chegamos à ideia de que a aspiração ao bem viver necessita do ensino de um saber-viver em nossa civilização. Viver situa-se concretamente em um tempo e um lugar. O tempo é o nosso e o lugar não é apenas nosso país, mas nossa civilização tipicamente ocidental, com sua economia, suas técnicas, seus hábitos, com seus problemas de vida cotidiana.

3. Saber viver: filosofia da Filosofia

Entendida no sentido literal do termo (amigo ou amante da sabedoria), a Filosofia, identifica a prática da sabedoria com um autêntico saber-viver.

Na verdade, o termo Filosofia adquiriu um sentido mais amplo. Implica uma interrogação sobre o mundo, a realidade, a verdade, a vida, a sociedade, o ser e a mente humana. Não se trata de uma disciplina, não possui compartimentos, ela problematiza tudo o que depende da experiência humana. Ela se questiona a respeito da sabedoria: desde os gregos, a sabedoria era considerada seja como vida guiada pela razão, e que envolve o controle sobre si mesmo, seja como vida que sabe desfrutar dela mesma. Em todos os casos, mesmo se os modelos de sabedoria divergiram, eles implicavam, invariavelmente, uma aspiração à lucidez e uma vontade de agir em prol do que se pensa ser o bem viver.

A Filosofia tornou-se uma profissão, a dos professores de Filosofia, dividiu-se em ramos pedagógicos - Filosofia Geral, História da Filosofia, Moral, enquanto a Psicologia e a Sociologia escaparam dela para se tornarem autônomas e se considerarem científicas. Com essas separações, a sabedoria foi dissolvida. A Filosofia se fechou ainda mais. Enquanto até Bergson e Bachelard ela questionava as ciências, apenas alguns filósofos, como Michel Serres, Jean-Jacques Salomon ou Isabelle Stengers, refletem sobre o devir da ciência, que transforma nossa visão do mundo e nosso mundo. É verdade que alguns professores de Filosofia escapam ao fechamento, mas isso não se traduz nos programas e também não intervém senão marginalmente na cultura universitária, nas escolas do ensino fundamental e médio. Quando se perguntava a Hegel o que era a Filosofia, ele respondia com ironia: "A Filosofia é o ganha-pão dos professores de Filosofia[20]".

---
20 Consultar a crítica de Schopenhauer: "Em contrapartida, cheguei pouco a pouco à convicção de que a utilidade da Filosofia universitária cede ao preconceito de que a Filosofia como profissão conduz à Filosofia como busca livre da verdade, ou que a Filosofia governamental é inferior à Filosofia da natureza e da humanidade [...].

Os cursos de Filosofia são reservados às classes de último ano, nas quais estão ameaçados. É preciso dizer, também, que os programas ignoram que uma Filosofia viva deveria se consagrar ao bem viver, o que na tradição filosófica se designa como "a vida boa", e que essa missão deveria ter início desde o princípio do ensino médio, começando-se por questionar a condição humana (como indicaremos mais adiante, p. 139-142), pois, diante disso, não poderia existir Filosofia sem Antropologia, nem Antropologia sem Filosofia. Ela retomaria todos os grandes questionamentos de sua história que implicam não apenas o conhecimento do mundo, mas também o mundo do conhecimento, os modos do conhecimento, o conhecimento do conhecedor (o "conhece-te a ti mesmo" de Sócrates).

O que ocorreu com a sabedoria hoje em dia? Sob o impulso ocidental, o mundo assumiu um modelo prometeico, ativista, de controle, de conquista do poder sobre a natureza e esse controle rechaça qualquer ideia de sabedoria. O problema da morte e da vida (o que fazer com ele?) é ocultado pela

---

Por isso, é excessivamente raro que um verdadeiro filósofo tenha sido ao mesmo tempo professor de Filosofia [...]. Constatamos na prática que, em todos os tempos, bem poucos filósofos foram professores de Filosofia, e que ainda menos professores de Filosofia foram filósofos", em Parerga e Paralipomena, "Philosophie et philosophes". [Filosofia e filósofos], 1851.

agitação que nos envolve. Par a par com o enfraquecimento das antigas solidariedades, veio o desenvolvimento do individualismo. O individualismo possui uma face iluminada e clara: são as liberdades, as autonomias, a responsabilidade, mas possui também uma face sombria: o egoísmo, a atomização, a solidão, a angústia. Assinalamos os progressos do mal-estar não apenas entre os que são privados do bem-estar material, mas também entre aqueles que desfrutam desse bem-estar.

Existe, em contrapartida, uma necessidade contemporânea senão de sabedoria, pelo menos de escapar da superficialidade, da frivolidade, das intoxicações consumistas, do poder do dinheiro, uma necessidade de relação serena entre corpo, alma, mente. Recorremos, então, ao Oriente, ao Budismo, ao Zen, aos gurus, à metafísica da *nova era*. Outro recurso são os modos ocidentais de tratar a relação alma/corpo/mente, como as psicoterapias, as psicanálises.

Onde encontrar a sabedoria nessa nossa civilização do descomedimento, essa *húbris* que os gregos identificavam à loucura? Podemos praticar uma vida racional em um mundo desracional? Por outro lado, podemos nos questionar se comer sadiamente, viver sadiamente, não assumir riscos, jamais ultrapassar a dose prescrita, se essa vida racional não é uma vida sem vida. A vida comporta um mínimo de prodigalidade, de gratuidade, de inconsequência. Castoriadis afirmava: "O homem é esse animal louco cuja loucura inventou a razão[21]." O que significa uma vida racional? Não existe qualquer critério racional para uma vida racional. Como indicamos anteriormente, a vida é um tecido mesclado ou alternativo de prosa e poesia. Podemos denominar prosa as exigências práticas, técnicas e materiais necessárias à existência. Podemos denominar poesia o que nos coloca em um segundo estado; primeiro a própria poesia, a música, a dança, a alegria e, é claro, o amor. Nas sociedades arcaicas, prosa e poesia eram estreitamente entrelaçadas. Por exemplo, antes de partir em uma expedição, ou no tempo das colheitas, havia danças, cantos e tudo fazia parte dos ritos. Evidentemente, estamos em uma sociedade que tende a dissociar prosa e poesia, e uma ofensiva muito grande de prosa está ligada à grande ofensiva técnica, insensível, mecânica, cronometrada, na qual tudo se paga, tudo é monetarizado. Sem dúvida alguma, a poesia tenta se defender nos amores, nas amizades, nos fervores. A poesia é a estética, é a alegria, é o amor, é a vida em oposição à sobrevivência!

---

[21] Edgar Morin, *Amour, poésie, sagesse*. Paris: Éditions du Seuil, 1997, p. 62. [Edição brasileira: Edgar Morin. *Amor, Poesia, Sabedoria*; tradução Edgard de Assis Carvalho. Rio de Janeiro: Bertrand Brasil, 1999].

O que é uma vida racional? É levar uma vida prosaica? Absurdo! Precisamos da prosa para nos sensibilizarmos com a poesia. Se tivéssemos uma vida permanentemente poética, seríamos totalmente incapazes de discernir sobre a prosa. Não há dúvida de que precisamos de racionalidade em nossas vidas[22]. Mas temos necessidade de afetividade, ou seja, de laços, de plenitude, de alegria, de amor, de exaltação, de jogo, de Eu, de Nós. É preciso aceitar até mesmo os momentos do que Georges Bataille denominava consumação[23], exaltação extrema que implica dispêndio, desperdício, loucura.

---

[22] A herança da racionalidade é o que existe de mais rico no pensamento contemporâneo e deve ser conservada, uma racionalidade não apenas crítica, mas autocrítica que permitiu duvidar fortemente (como em Montaigne) do grau de verdade de nossa civilização em relação, por exemplo, à dos povos indígenas da América, e que permitia a Montaigne afirmar: "Chamamos de bárbaros as pessoas de outra civilização", e que permitiu, enfim, aos antropólogos ocidentais perceberem que as culturas que eles desprezavam totalmente, consideradas primitivas, não eram apenas tecidas de superstições, mas que podiam também comportar, estreitamente entremeadas, sabedorias e verdades, e considerar que o que provinha da Ásia e de suas civilizações multimilenárias não consistia em nenhum atraso civilizatório, mas comportava tesouros culturais que haviam sido subdesenvolvidos ou ignorados no Ocidente.

[23] Georges Bataille, *La Part maudite*. Paris: Minuit, coll. "L'Usage des richesses", 1949. [Edição brasileira: Georges Bataille: *A parte maldita*, precedida de "A noção de dispêndio"; tradução Júlio Castañon Guimarães. Belo Horizonte: Autêntica, 2013].

Vive-se muito mal sem a razão, vive-se muito mal sem a paixão. A única racionalidade seria conduzir nossas vidas em uma navegação permanente, em uma dialética razão/paixão. Não há paixão sem razão, bem como não há razão sem paixão. Sabedoria seria ligar a serenidade à intensidade, como afirma acertadamente Patrick Viveret[24]. A boa dialética razão/paixão seria aquela guiada pela bondade e pelo amor. Essa é a única via para ultrapassar o que o *homo sapiens demens* inventou: o ódio, a maldade gratuita, a vontade de destruir por destruir.

A nova sabedoria implica a compreensão de que toda vida pessoal é uma aventura inserida em uma aventura social, ela mesma inserida na aventura da humanidade.

A sabedoria moderna não pode deixar de ser um pouco louca. Ou, mais do que isso, ela deve ser substituída por uma arte de viver, sempre pronta a recomeçar, sempre pronta a reinventar.

Sabemos que a aptidão para gozar (entendo por isso gozar a vida) é ao mesmo tempo a aptidão para sofrer. Se aprecio um vinho muito bom, sofro quando sou obrigado a beber um vinho que conside-

---

24 Edgar Morin, Mirelle Delmas, *Pour un nouvel imaginaire politique* [Para um novo imaginário político]. Paris: Fayard, 2006.

ro ruim, enquanto se não tivesse desenvolvido uma aptidão degustativa, poderia muito bem beber não importa o que com indiferença. Do mesmo modo, a aptidão para a felicidade é a aptidão para a infelicidade. Quando você conheceu a felicidade com um ente querido e esse ser o abandona ou morre, você é infeliz, exatamente porque conheceu a felicidade. Para não ser mais infeliz seria necessário não mais ser feliz? O *Tao afirma:* "A infelicidade caminha ao lado da felicidade, a felicidade dorme aos pés da infelicidade."

Não é a felicidade que se deve buscar. Quanto mais a procuramos, mais ela foge de nós. É preciso buscar a arte de viver, cuja recompensa são as grandes e pequenas felicidades.

O que deve ser salvaguardado da sabedoria é evitar a baixeza, é não ceder às pulsões vingativas, punitivas. Isso pressupõe muito autoexame, a autocrítica, a aceitação da crítica feita pelo outro. A rejeição das ideias de vingança e de punição encontra-se no cerne da sabedoria. Nessa ética estão implicadas virtudes antigas que retornam a nós pela via oriental: saber se distanciar de si mesmo, saber se objetivar.

Esse distanciamento pode ser entendido de forma direta, como em Montaigne. Ele consiste em se enxergar como objeto, sabendo que se é sujeito, em se descobrir, se examinar, se autocriticar. É necessário compreender a si mesmo para compreender os outros, como veremos nas páginas 70 a 96. Isso é algo vital, mas não ensinado. A introspecção foi até mesmo desvalorizada. O que é necessário ensinar e aprender é exatamente isso: saber se distanciar, saber se objetivar, saber se aceitar, saber meditar, refletir.

É isso o que uma Filosofia plena de recursos poderia oferecer aos alunos desde a mais tenra idade. A Filosofia deveria deixar de ser considerada como disciplina para se tornar motor e guia do ato de ensinar a viver. Ela deve voltar a ser socrática, ou seja, suscitar incessantemente diálogo e debate. Ela deve voltar a ser aristotélica, ou seja, colocar em ciclo (enciclopedar) os conhecimentos adquiridos e as ignorâncias descobertas por nossos tempos. Ela deve voltar a ser platônica, ou seja, questionar-se sobre as aparências da realidade. Ela deve voltar a ser pré-socrática e lucreciana, ao interrogar o mundo sob a luz e a obscuridade da cosmologia moderna.

4. Enfrentar as incertezas

As ciências nos fizeram adquirir muitas certezas, mas, no decorrer do século XX, nos revelaram, igualmente, inumeráveis domínios de incertezas. O ensino deveria comportar um ensino das incertezas que apareceram nas Ciências Físicas (Microfísicas, Termodinâmica, Cosmologia), nas Ciências da Evolução Biológica e nas Ciências Históricas.

A incerteza está no cerne da ciência

A "ciência clássica" era fundada em um determinismo absoluto, consequentemente, na total eliminação do acaso. Esse determinismo pode ser encontrado na figura do Demônio de Laplace que, possuindo o conhecimento total, saberia simultaneamente tudo do futuro e tudo do passado. Embora, de certa forma, esse ideal determinista perdure na ciência moderna, hoje ele se encontra esvaziado de sua substância. Isso se deveu, em primeiro lugar, ao segundo princípio da Termodinâmica, que introduziu um princípio de desordem no universo. No começo do século XX, a Mecânica Quântica veio, por sua vez, revolucionar a concepção clássica, não somente com o acaso, mas com uma imprevisibilidade e uma incerteza fundamentais no que diz respeito ao comportamento e, até mesmo, à natureza dos objetos microfísicos. Esse foi o surgimento de uma incerteza lógica, além de uma incerteza empírica. A partir dos trabalhos de

Edwin Hubble[25] sobre a expansão do universo, foi possível evidenciar a incerteza que pesa sobre suas origens, seus constituintes e seu futuro, edificando com isso os conceitos de "matéria negra" e de "energia negra". As teorias do caos nos ensinam que mesmo quando um sistema é determinista, a incerteza que reina nas condições iniciais faz com que não se possa prever seu comportamento. Não se pode eliminar a incerteza, pois não se pode conhecer com perfeita precisão todas as interações de um sistema, sobretudo quando esse sistema é muito complexo. A imprevisibilidade reside no próprio cerne do determinismo.

A abordagem por indução e dedução, que fundamenta simultaneamente a ciência clássica e nossa maneira habitual de conhecer o mundo, foi colocada em questão. Karl Popper mostrou os limites da indução, e o teorema de Kurt Gödel, os da dedução[26]. A qualidade comprobatória da racionalidade não é mais absoluta.

---

25 Edwin Powell Hubble (1889-1953). Astrônomo que se dedicou à observação das nebulosas. Foi ele quem confirmou, incontestavelmente, que a Via Láctea é apenas uma entre bilhões de outras galáxias, que são como verdadeiros universos-ilha, constituídos por centenas de bilhões de estrelas unidas gravitacionalmente. (N.Ts.)
26 Edgar Morin, *La Méthode (t. 3), La connaissance de la connaissance. Anthropologie de la connaissance, Introduction générale* [O Método (t.3)]. Paris: Seuil, 1986; Nova edição, coleção "Points", 2014. [Edição brasileira: *O Método 3; o conhecimento do conhecimento*; tradução Juremir Machado da Silva. Porto Alegre: Sulina, 1999].

A ciência clássica fundava-se em três princípios: disjunção, redução e determinismo. Hoje cada um deles exibe suas carências. Percebemos que a tendência da ciência clássica foi disjuntar os elementos que, de fato, estão ligados (daí decorre a questão da complexidade); o fenômeno da emergência demonstra que não podemos reduzir o conhecimento de um sistema ao conhecimento de seus constituintes de base, e, por razões já mencionadas, o determinismo não se sustenta mais.

Se hoje essa ruptura é considerada como fato consumado, não é nada absurdo julgar que falta aos cientistas a cultura epistemológica necessária para conceber uma mudança de paradigma. Sem dúvida alguma, em toda disciplina cada um tenta negociar com a incerteza. O problema do conjunto, porém, não foi estabelecido. Não se consegue pensar esse problema de uma maneira radical e global, e a irrupção da incerteza é apenas um dos seus aspectos. Por essa razão, é preciso mudar a maneira de se conceber o conhecimento científico[27].

Incerteza e dúvida estão ligadas, uma requer a outra e vice-versa. Hegel costumava afirmar: "O ce-

---

27 Edgar Morin, *La Méthode (t. 1), La nature de la nature, chapitre III: Le nouveau monde*. Paris: Seuil, 1977. Nova edição, coleção "Points", 2014. [Edição brasileira: *O Método 1: a natureza da natureza*; tradução Ilana Heineberg. Porto Alegre: Sulina, 2002].

ticismo é a energia da mente", pois ele se opõe aos dogmas e às crenças. A tendência predominante da ciência clássica, que é a busca da certeza, agora está ligada dialeticamente com a descoberta das incertezas. Essa descoberta nos impulsiona a uma ruptura com "a adicção às certezas", segundo a expressão de Daniel Favre[28], que nos torna míopes e até mesmo cegos. Do mesmo modo, a consciência plena da armadilha permanente dos erros e ilusões, que sempre assumem a aparência de verdades certas, deve suscitar a atuação da dúvida. A necessidade da dúvida aumentou em nossa época, quando informações falsas, rumores, calúnias não são veiculados apenas pelo boca a boca, mas propagados com uma velocidade e uma amplitude extraordinárias pela Internet. É preciso saber que a dúvida incontrolada e ilimitada se transforma na certeza paranoica de que tudo é falso ou mentiroso. É preciso saber também duvidar da dúvida.

Isso requer agora, e mais do que nunca, o recurso à reflexão. Tão necessária à eficácia do pensamento e da decisão, a reflexão é sacrificada em nome da eficácia do pensamento e da decisão, eficácia essa calculada segundo a lógica quantofrênica dos experts, muito raramente submetida à medita-

---

[28] Daniel Favre, neurocientista. Dentre os vários temas de suas pesquisas, desenvolve reflexões sobre a redução da violência nas escolas. (N.Ts.)

ção. Por toda parte, acumulam-se os resultados de sondagens, de enquetes, de avaliações, de pesquisas, sem que se procure refletir sobre elas, ou seja, sem considerá-las sob diversos ângulos, sem fazê-las passar de um setor da mente a outro, de um estômago a outro, como fazem os ruminantes.

Tudo é absorvido sem ser digerido e rejeitamos como dejetos o que deveria ser reabsorvido. Deveríamos fazer com esses pseudodejetos o mesmo que os coelhos fazem com suas primeiras fezes. Elas são ricas em bactérias suculentas e eles comem essas fezes tão nutritivas.

Ao se religar com as virtudes do ceticismo hegeliano, a incerteza quebra nossas certezas artificiais e nos mostra os riscos do presente, os limites do saber, a parte de mistério no Universo. Nesse aspecto, ela se opõe à tendência preguiçosa da mente que adere facilmente à convicção e tende a transformar a teoria em doutrina e, até mesmo, em dogma. Entretanto, existe uma diferença radical entre uma teoria e uma doutrina. A teoria é essencialmente "biodegradável", refutável pelos novos elementos de conhecimento. Uma doutrina, em contrapartida, mesmo que possa ter os mesmos elementos constitutivos que uma teoria, recusa qualquer modificação se for refutada. Contudo, no decorrer do tempo, mesmo nas ciências, as teorias frequentemente têm a tendência de se consolidar como doutrinas. Constatar o caráter mutante das teorias científicas, principalmente da incerteza sobre nosso próprio conhecimento, permitiria compreender melhor, por exemplo, por que quase todas as teorias científicas do século XIX, com exceção da Termodinâmica e da Teoria da Evolução, hoje são completamente obsoletas.

5. Incertezas do viver[29]

A incerteza é inseparável do viver. Todo nascimento é incerto e dá início a uma vida, para a qual nenhuma certeza será dada, exceto a certeza da morte, cuja data e causa são incertas.

A frase do poeta grego Eurípedes, que já tem exatos vinte e cinco séculos, é mais atual do que nunca: "O esperado não se cumpre, e ao inesperado um deus abre o caminho." O abandono das concepções deterministas da história humana, que acreditavam poder prever nosso futuro, o exame dos grandes acontecimentos e acidentes de nosso século, todos eles inesperados, o caráter doravante des-

---
[29] *Le Prisme à idées* [O prisma das ideias], n°4, setembro, 2011. [Revista semestral, baseada na interdisciplinaridade, que discute os problemas complexos que envolvem inovação, mídia, redes. Vincula-se à Associação de mesmo nome.] (N.Ts.)

conhecido da aventura humana devem nos incitar a preparar as mentes para esperar o inesperado, a fim de enfrentá-lo. É necessário que todos os encarregados de ensinar se coloquem nas vanguardas da incerteza de nossos tempos.

Uma vez iniciada, qualquer ação tende a escapar das intenções e da vontade de seu ator para entrar em um jogo de interação e de retroação com o meio (social ou natural), que pode modificar seu curso e, por vezes, até mesmo invertê-lo. Trata-se do que denomino "ecologia da ação". Os exemplos de decisões políticas que produzem efeitos inversos aos esperados são abundantes na história humana. Meu mestre, Georges Lefebvre[30], relembrava com frequência que os prelúdios da Revolução Francesa emergiram de uma reação aristocrática para recuperar os poderes concedidos à monarquia absolutista de Luís XIV, o que desencadeou a convocação dos Estados Gerais de 1789. Qualquer decisão é um desafio, particularmente em um meio rico em interações e retroações, a ação requer uma estratégia suscetível de se modificar em função das imprevisibilidades encontradas e das informações adquiridas no decorrer dessa ação.

---

30 Historiador francês que foi meu professor na Sorbonne, autor principalmente de: Georges Lefebvre, *La Grande Peur de 1789* [O Grande Medo de 1789]. Paris: Armand Colin, 1932.

Chegamos a uma época em que os riscos que a tecnologia humana nos faz correr são consideravelmente ampliados, disso decorre a ideia de "sociedade do risco" à qual se segue o princípio de precaução. Sem dúvida alguma, o paradoxo reside no fato de que, de um lado, a aplicação estrita do princípio de precaução impede qualquer iniciativa, e, de outro, que a aceitação cega do risco é algo perigoso. Nesse caso, existe um jogo dialético necessário que consiste em combinar risco e precaução, como ocorre com o avião, no qual se multiplicaram as medidas de segurança, inexistentes na locomoção terrestre. Por vezes, é preciso apostar em um ou em outro.

Não se pode quantificar senão o provável. O cálculo das probabilidades recobre apenas uma pequena zona do mundo possível e o acidente não é apenas algo improvável, mas inesperado. Quando focalizamos as probabilidades de segurança, fechamos os olhos para as improbabilidades do acidente. Hölderlin costumava afirmar: "Lá onde cresce o perigo, cresce também o que salva.[31]" Não há dúvidas de que se tivéssemos uma consciência rápida dos

---

31 Friedrich Hölderlin, Œuvres [Obras], Gallimard, coll. "La Pléiade", 1967, p. 67 em Hymnes [Hinos]. Publicado sob a direção de Philippe Jaccottet. "Mais aux lieux du péril croît aussi ce qui sauve" [Mas nos lugares do perigo, cresce também o que salva]. Cito aqui a tradução tal como realizada por Heidegger. [Edição brasileira: Friedrich Hölderlin; *Hinos*; tradução Lumir Nahodil. São Paulo: editora UNESP, 1999].

perigos que o progresso tecnológico e a economia liberal fazem a biosfera correr, um organismo internacional de regulação eficaz teria sido criado há muito tempo. Hoje em dia, pouco é contemplado e nada é decidido. A tomada de consciência do aumento dos riscos está atrofiada.

Consideremos a catástrofe de Fukushima[32]: ela resultou de uma dupla cegueira que, de um lado, privilegiou os interesses econômicos em vez da segurança das populações, de outro, conduziu a que se ignorassem as especificidades geomorfológicas da zona de implantação da central. De modo mais geral, diversos tipos de riscos ligados à energia nuclear podem ser identificados. Sem dúvida alguma, o mais ocultado por seus turiferários diz respeito aos dejetos, que permanecem radioativos durante milhares de anos, e dos quais, até o presente momento, ninguém sabe exatamente como se livrar, constituindo uma grande ameaça para as gerações futuras. O risco da falha técnica é igualmente onipresente. Sabe-se que todos os dias acontecem dezenas de incidentes nas centrais nucleares, em geral sem gravidade. Mas quando ao problema técnico

---

[32] Ocorrido em 11 de março de 2011, o desastre na Central Nuclear de Fukushima, Japão, foi provocado por um tsunami que atingiu a área em decorrência de terremoto. Os efeitos da propagação das ondas radioativas estenderam-se até o Canadá, colocando em perigo partes significativas do planeta. (N.Ts.)

soma-se um erro humano, jamais se está bem longe da catástrofe. Desde 11 de setembro de 2001, finalmente tomamos consciência de que nossas centrais nucleares não estavam protegidas em caso de ataque similar ao que atingiu o *World Trade Center*. Entretanto, principalmente na França, o recurso massivo à energia nuclear provocou um subdesenvolvimento de todas as outras formas de energia, a começar pelas energias renováveis. De qualquer forma, é bastante perturbador pensar que há milhões de anos os vegetais retiram sua energia do Sol e que nós ainda somos incapazes de explorar massivamente essa fonte quase ilimitada e segura.

O caso dos antibióticos é igualmente interessante. Nos anos 1960, estávamos ingenuamente persuadidos de que havíamos erradicado as bactérias patogênicas graças aos antibióticos, e que não tardaríamos em eliminar os vírus de um modo similar. A descoberta da AIDS, de um lado, e das bactérias resistentes, do outro, colocaram um fim nessas esperanças. O risco de infecção cresceu, quando o que se desejava era reduzi-lo. O fato de que o mundo bacteriano é um mundo que se comunica internamente e "aprende" com a adversidade foi ignorado. Esquecemos que os vírus possuem uma arte de mutação que desarticula as defesas. Constatamos, finalmente, que o hospital, espaço de cura, é lugar de infecção provocada pelas impiedosas enfermidades nosocomiais.

Hoje, os OGM, Organismos Geneticamente Modificados, apresentam chances e riscos, mas em vista dos riscos (dentre os quais um dos mais importantes é a crescente dominação de multinacionais como a Monsanto sobre a agricultura mundial), penso que, presentemente, é necessário aplicar o princípio da precaução. Essa é minha convicção atual sobre essa questão.

A consciência da incerteza apoderou-se do devir histórico. Concebido desde o século XIX como uma lei evidente da história humana, o progresso tornou-se incerto. O futuro, considerado previsível pelos futurólogos em 1960, tornou-se imprevisível.

A incerteza sobre o futuro da humanidade decorre, principalmente, do rumo incontrolado e impensado dos processos técnicos, científicos, econômicos, ligado às cegueiras que nosso tipo de conhecimento parcelar e compartimentalizado produz. Os riscos inerentes a essa grande aventura que nos conduz produzem a incerteza diante da qual o princípio de precaução malogra. Risco e incerteza estão ligados por uma dialética que os remete incessantemente um ao outro.

É preciso compreender que toda decisão é desafio, fato que em lugar de propiciar uma certeza ilusória, implica vigilância.

É preciso aprender a navegar em um oceano de incertezas, através de arquipélagos de certezas. Seria necessário ensinar princípios de estratégia que permitam enfrentar as aleatoriedades, o inesperado e o incerto, e modificar seu desenvolvimento, em virtude das informações adquiridas no transcorrer do processo.

Não se elimina a incerteza, negocia-se com ela.

6. Viver livre

A educação para viver deve favorecer, estimular uma das missões de qualquer educação: a autonomia e a liberdade do espírito. Como indicamos anteriormente, não existe autonomia mental sem a dependência de quem a nutre, ou seja, a cultura, nem sem a consciência dos perigos que ameaçam essa autonomia, ou seja, os perigos da ilusão e do erro, das incompreensões mútuas e múltiplas, das decisões arbitrárias pela incapacidade de conceber os riscos e as incertezas. Isso significa que a educação para a autonomia se insere plenamente na educação para o viver, tal como é apresentada neste livro. A educação para a liberdade da mente implica não apenas a familiaridade com escritores, pensadores, filósofos, mas também o ensino do que significa liberdade: a liberdade de pensar é a liberdade de escolha diante das diversas opiniões, teorias, filosofias. A liberdade pessoal reside no grau de possibilidade de escolha nas ocorrências da vida. O grau de liberdade na escolha de uma lata de sardinhas em um supermercado é menor do que a liberdade de escolha de uma roupa, que é menor do que a liberdade de escolha de uma residência que, por sua vez, é menor do que a liberdade de escolha de um cônjuge. Quanto mais elevado o nível de escolha, maior a liberdade. Essa é a razão pela qual os ricos têm níveis de liberdade cada vez maiores, os miseráveis ficam reduzidos quase à ausência de liberdades, os pobres têm liberdades muito restritas, os estrangeiros não têm a liberdade de voto do cidadão. A verdadeira liberdade da mente não depende da riqueza. A mente do escravo Epíteto era mais livre do que a de seu senhor. Como demonstrou Hegel, o senhor depende de seu escravo. Aqueles que sentiram a aspiração pela liberdade e se revoltaram contra a opressão foram mais livres do que seus opressores. Em política, a liberdade é um risco. Viktor Kravtchenko[33] "escolheu a liberdade" ao desertar da

---

[33] Viktor Kravtchenko (1905- 1966). Dissidente soviético, autor do livro *I Choose freedom* [Eu escolho a Liberdade], publicado em 1946. Recebeu asilo político dos Estados Unidos em 1944. Sua morte, em 1966, é envolta em mistérios já que, oficialmente, ele teria cometido suicídio em seu apartamento em Manhattan. Seu filho, Andrew Kra-

embaixada soviética, em 1946, mas isso foi a causa de seu assassinato. Salman Rushdie[34] recebeu uma sentença de morte pela lei religiosa islâmica, a *fatwa*. Enunciar uma ideia não conforme com a convicção coletiva (a dos espíritos insolentes ou ignaros) é um perigo. A liberdade pode ser perigosa quando contradiz as verdades estabelecidas. É preciso compreender os prudentes, cuja mente é livre, mas em segredo. É preciso saudar os heróis da liberdade. Isso também faz parte do ensino da liberdade, mas a base desse ensinamento consiste na consistência das escolhas, ou seja, a consciência dos perigos, das incertezas, das reversões do sentido da ação, portanto, da ecologia da ação; trata-se da consciência do desafio que toda escolha implica, da consciência de manter uma estratégia permanente para evitar que o resultado da escolha se degenere.

---

vchenko, acredita que ele foi morto por agentes da KGB. Em 2008, Andrew, produziu o documentário *The Defector* 14, que narra a vida de seu pai. (N.Ts.)

34 Salman Rushdie (1947-). Mais conhecido por sua obra *Versos Satânicos*, publicada no Brasil em 1998, pela Companhia das Letras, em tradução de Victor Burton. O livro foi considerado pelas autoridades islâmicas como ofensivo ao profeta Maomé. Por isso, todos os "muçulmanos zelosos" foram conclamados a assassinar o escritor, seus editores, seus tradutores ou qualquer um que tomasse conhecimento de seu conteúdo. Em consequência, Rushdie foi forçado a viver no anonimato por muitos anos. Atualmente vive a maior parte do tempo em Nova York. (N.Ts.)

7. Para concluir

Sobretudo para o adolescente, a escola atual não fornece o viático benéfico para a aventura de vida de cada um. Não fornece as defesas para se enfrentar as incertezas da existência, não fornece as defesas contra o erro, a ilusão, a cegueira. Como veremos no capítulo que se segue, ela não fornece os meios que permitem conhecer a si mesmo e compreender o próximo. Não fornece a preocupação, o questionamento, a reflexão sobre a boa vida ou o bem viver. Ela não ensina a viver senão lacunarmente, falhando naquela que deveria ser sua missão essencial.

II. Uma crise multidimensional

"Nossa atual Universidade forma por todo o mundo uma proporção muito grande de especialistas em disciplinas predeterminadas e, por isso mesmo, artificialmente limitadas, enquanto uma grande parte das atividades sociais, como o próprio desenvolvimento da ciência, exige homens capazes de ter um ângulo de visão bem mais amplo e, simultaneamente, uma focalização em profundidade acerca dos problemas e dos novos progressos que transgridem as fronteiras históricas das disciplinas."[35]

Lichnerowicz

Quando falamos da crise da educação, o que vem primeiro à mente são os aspectos impressionantes, em todos os sentidos do termo, da violência na escola. Em seguida pensa-se na "luta de classe" (ou

---

35 André Lichnerowicz, "Mathématique, Structuralisme et Transdisciplinarité" [Matemática, Estruturalismo e Transdiscipinaridade] em Vorträge, Natur, Ingenieur und Wirtschaftswissenschaften, Westdeutcher Verlag, 1970.

seja, dentro da sala de aula) entre a bioclasse adolescente e a classe adulta docente: tumultos, dissipações, falação, desobediências, afrontas, insultos, punições, suspensões, exclusão da classe, humilhação ou culpabilização. Na universidade, perturbação ou deserção dos cursos, recurso ao Google ou Wikipédia. Quando a visão é unilateral, o que se constata é ou o sofrimento dos professores, ou o dos alunos. Se o espírito for um pouco complexo, vemos tanto um como o outro. O pior, tanto para os alunos como para os professores, é a humilhação.

O que é necessário em ambos é a compreensão. Inicialmente, é preciso compreender que, desde os anos 1960, produziu-se a formação de uma bioclasse adolescente com sua cultura, seus costumes (rock, modo de vestir, linguagem), com sua autonomia explícita e reivindicada. Em 1968, essa bioclasse adolescente se revoltou contra a classe adulta, provocou uma ruptura no ensino que, em seguida, se reestruturou mais ou menos bem. A partir de então, diante da menor greve estudantil, a máquina do ensino se paralisa. Os professores, por sua vez, não conhecem essa cultura juvenil senão superficialmente, assim como os alunos ignoram os problemas profundos que afetam o mundo dos professores secundários (degradação do prestígio, funcionarização, intervenção dos pais em favor de seus filhos que obtiveram notas baixas ou que sofreram punições e agressões). Em decorrência disso, reforçam-se as medidas disciplinares, espaço único de soberania.

Nós adultos, e no meu caso ancião, formados em um mundo em que, como afirma Michel Serres, havia campos, vacas, galinheiros, porcos, canetas, máquinas de escrever, aquecedores a carvão[36], ficamos desconcertados com uma juventude que não viu vacas senão no cinema, não conhece peixes senão em retângulos congelados, mas que, em contrapartida, utiliza o computador com maestria. Antes da Internet, as mídias, principalmente a televisão, eram escolas selvagens que competiam com a escola pública, atualmente a Internet é a enciclopédia na qual todos os saberes estão à disposição do jovem internauta, que pode opor seu saber adquirido no Google ao saber de seu professor.

Como transformar luta de classe em colaboração de classe? Questionamos os métodos pedagógicos, recorremos à psicossociologia e, até mesmo, à psicopatologia social, procuramos remédios na compreensão pelos professores do que causa a agressividade ou o desinteresse. Alguns pensam que uma cooperação interdisciplinar entre profes-

---

[36] Michel Serres. Petite Poucette. Paris: Le Pommier, 2012. [Edição brasileira: A Polegarzinha; tradução Jorge Bastos. Rio de Janeiro: Bertrand Brasil, 2013.]

sores permitiria tratar melhor as realidades separadas nas disciplinas.

Nesse caso, é preciso admitir que a crise do ensino é inseparável de uma crise da cultura. No decorrer do século XIX, teve início uma dissociação, que hoje se tornou disjunção, entre dois componentes da cultura, o científico e o das humanidades. A cultura científica produziu conhecimentos que cada vez mais se distanciam dos caminhos da cultura das humanidades, que não possuem senão vagos conhecimentos midiáticos das contribuições fundamentais das ciências ao conhecimento de nosso universo físico e vivo. A cultura científica, porém, conhece os objetos, ignora o sujeito conhecedor e não tem reflexividade sobre o futuro incontrolado das ciências. A divisão dos conhecimentos em disciplinas e subdisciplinas agrava a incultura generalizada. Daí decorre a necessidade de estabelecer comunicações e laços entre dois ramos separados da cultura.

Infelizmente, uma forte pressão se exerce sobre os ensinos médio e superior a fim de adaptá-los às necessidades tecnoeconômicas da época e restringir a área das humanidades. A vulgata tecnoeconômica dominante considera que as humanidades não têm nenhum interesse ou são puro luxo, instiga a que se reduzam o número dos cursos de História, os de Literatura, que se elimine a Filosofia, considerada como superfluidade. O imperialismo dos conhecimentos calculadores e quantitativos avança, em detrimento dos conhecimentos reflexivos e qualitativos. Não existe somente falta de comunicação entre cultura científica e cultura das humanidades, não existe somente desprezo mútuo de uma para com a outra, existe perigo para a cultura.

A universidade sofre mais gravemente a pressão dessa vulgata tecnoeconômica, que exige rentabilidade segundo os critérios do mundo dos negócios. A autonomização das universidades em relação ao Estado desautonomizou-as em relação ao dinheiro e ao modelo empresarial, que tende a se impor a elas, enquanto, como indicamos em nosso discurso de Bolonha, em comemoração ao milésimo aniversário da primeira universidade europeia[37], a universidade não deve apenas se adaptar ao presente, deve também adaptar o presente à sua missão transecular.

Ameaçados pela AIDS no decorrer dos estudos, quando chegam ao fim dos cursos os próprios estudantes são ameaçados pelo desemprego.

Por outro lado, a laicidade, virtude fundamental do ensino e da República, está em crise.

---

37 Edgar Morin, "Sciences, éthique et citoyenneté" ["Ciências, ética e cidadania"], discurso proferido em comemoração ao milésimo aniversário da Universidade de Bolonha, em 28 de maio de 2008.

As polêmicas sobre o véu islâmico e os símbolos religiosos na escola demonstram que os partidários da laicidade estão divididos, uns preconizando uma tolerância útil pela integração das jovens que usam véus no ensino laico, outros preconizando a intransigência. Na verdade, uma questão mais profunda sobre a natureza da laicidade se impõe. No atual momento, o modelo de laicidade dos anos 1900 está esgotado. O professor do começo do século XX era representante dos Iluministas, seu papel educador e civilizador estava ligado ao nascimento da Terceira República, seu combate contra o monopólio religioso era o combate do pensamento moderno. A fé do professor era a fé em uma Trindade Laica: Razão-Ciência-Progresso, na qual o desenvolvimento de cada um desses termos provocava o desenvolvimento dos outros dois. Hoje, a Religião está em baixa, a Ciência revela profundas ambivalências, a Razão deve desconfiar da racionalização, o Progresso não está mais garantido.

 O ensino público em seu conjunto foi pego de surpresa pelas mídias e, com frequência, não sabe como reagir, exceto com desprezo diante da fascinação que as telas dos computadores exercem sobre as crianças e, mais amplamente, diante da "cultura de massa", que impregna não apenas crianças e adolescentes, mas a sociedade como um todo. Além disso, sobretudo de agora em diante, a Internet desencadeia uma gigantesca confusão cultural de saberes, rumores, crenças de todos os gêneros, uma espécie de escola selvagem que contorna a escola oficial e que as novas gerações frequentam para se informar e se formar.

Em sua totalidade, o ensino público concorre com as mídias, com a televisão, está cercado, asfixiado, sitiado por elas e, cada vez mais, pela Internet. As crianças e adolescentes aprendem a viver, a princípio com suas famílias ou na rua, depois com as mídias, com a televisão e, sobretudo, com o gigantesco reservatório enciclopedista em expansão que é a Internet.

Em tudo que possui de humanista, nosso ensino sofre duas extraordinárias pressões, uma que quer colonizá-lo em seu interior, a pressão da economia dita liberal e do tecnocratismo dominantes, e outra que o corrói e o reduz a partir do exterior, a das mídias e da Internet.

Por mais diferentes que sejam, todos os elementos da policrise multifacetária são de certo modo solidários. Podemos visualizar a policrise separadamente, a partir de seus diferentes componentes, com a condição de nos tornarmos cada vez mais conscientes da solidariedade que existe entre esses diversos componentes da crise, aparentemente tão exteriores uns aos outros.

Se a consciência de que a educação vai mal é bastante difundida, é raro que se visualizem todos os diversos males que se combinam em um único grande mal. Aqueles que consideram a crise do ensino a partir de sua disciplina separada não podem conceber que um dos componentes dessa crise provém da separação das disciplinas. Não é senão raramente, como na associação "École *changer de cap*"[38], que se encontra a preocupação de considerar os diferentes elementos em seu conjunto. O mais frequente, o que é mais ignorado pelos professores, pelos alunos, pelas famílias, pelas mídias e pela opinião pública são os buracos negros nos programas de ensino, que enfraquecem seriamente a formação dos futuros adultos, bem como a natureza dos saberes fundamentais a serem introduzidos para que constituam uma ajuda ao "saber-viver" no sentido pleno do termo.

Não devemos, não podemos isolar essa crise da educação de uma crise de civilização, da qual ela é um componente: degradação das solidariedades tradicionais (grande família, vizinhança, trabalho),

---

38 www.ecolechangerdecap.net. O Coletivo École *changer de cap* [Escola, mudar de direção] inclui cerca de 15 redes de pesquisadores e agentes de campo mobilizados ao redor de uma refundação da escola com base em uma concepção humanista da educação e do aprendizado dos saberes. (N.Ts.)

perda ou degradação do supereu de pertencimento a uma nação, ausência de um supereu de pertencimento à humanidade, individualismo cuja autonomia relativa é menos responsável do que egocêntrica, generalização dos comportamentos incivis, a começar pela ausência de saudação e de cortesia, compartimentalização dos escritórios, dos serviços, das tarefas em uma mesma administração ou empresa, ausência generalizada de religações, desmoralização ou angústias do presente e do futuro.

É necessário introduzir a crise da educação em um contexto crísico mais vasto, que comporte não apenas a consideração da cultura juvenil e da situação atual da juventude, mas o conjunto dos problemas de sociedade e de civilização nos quais estão imersos os problemas da educação.

Vivemos uma crise de civilização, uma crise de sociedade, uma crise de democracia nas quais se introduziu uma crise econômica, cujos efeitos agravam as crises de civilização, de sociedade, de democracia. A crise da educação depende das outras crises que, por sua vez, também dependem da crise da educação. Todas elas dependem de uma crise do conhecimento que, por sua vez, é dependente delas.

As crises se inserem em uma espiral nebulosa de crises cujo conjunto forma a crise da humanidade, que se encontra à mercê dos cursos desenfreados das ciências, das técnicas, da economia, em um mundo dominado por um mercado financeiro ávido pelo lucro e por conflitos corrompidos pelos fanatismos homicidas.

Essas crises revelam e, simultaneamente, obscurecem o problema de cada um e de todos: como viver a própria vida, como viver juntos[39], pois essas crises intensificam erros, ilusões, incertezas, incompreensões. Como as ilusões, as incertezas, as incompreensões aumentam, seria necessário pensar com urgência na criação de um ensino preparado para enfrentá-las. Atualmente, ainda não existe questionamento a respeito das enormes lacunas que se ampliam e se aprofundam, transformando-se em buracos negros quando se trata da própria missão da educação, do ensino médio à universidade, que é essencialmente: ensinar a viver.

Fomos desafiados a empregar a palavra crise com frequência cada vez maior e, com isso, ela se tornou trivial. Termo da medicina hipocrática, *Krisis* designava o momento em que uma enfermidade revelava de maneira certa seus sintomas particulares,

---

39 Edgar Morin, *Pour une politique de civilisation* [Para uma política de civilização]. Paris: Arléa, 2002 e Edgar Morin, *La Voie. Pour l'avenir de l'humanité*, Fayard, 2011 [Edição Brasileira: Edgar Morin, *A Via para o futuro da humanidade*, tradução Edgard de Assis Carvalho, Mariza Perassi Bosco. Rio de Janeiro: Bertrand Brasil, 2013].

o que permitia que se fizesse o diagnóstico justo e se prescrevesse o remédio apropriado. Em nossa linguagem contemporânea, a palavra crise expandiu-se por todos os domínios, inclusive os sociais e políticos, e assumiu um sentido de incerteza, tornando difícil o diagnóstico.

A palavra crise remete sempre a um sistema e à sua organização. Em sentido mais amplo, trata-se de um acidente do sistema, de origem interna ou externa, que perturba sua estabilidade, seu funcionamento e, até mesmo, sua existência. Vivo ou social, qualquer sistema comporta regulações que mantêm sua estabilidade.

Essas regulações obedecem a processos de retroação negativa (feedback negativo) que inibem as bifurcações assegurando relativa autonomia do sistema. Um exemplo disso é o sistema de calefação, constituído por uma caldeira e um termostato que mantêm a autonomia térmica de um ambiente. Se as bifurcações se desenvolvem (feedback positivo), elas tendem a perturbar cada vez mais seriamente a estabilidade, a organização e, finalmente, desintegram o sistema. Essa desintegração é fatal nos sistemas físicos. Nos sistemas sociais humanos a tendência à desintegração pode ser contrabalançada pelo desenvolvimento de forças inovadoras ou criadoras que transformam o sistema regenerando-o. Uma crise também pode ser regressiva, conduzindo o sistema a se reorganizar sobre uma base menos complexa do que antes (por exemplo, a passagem da democracia à ditadura); ela também pode ser criadora e permitir soluções novas que fazem emergir qualidades novas. É por essa razão que, após diversas degradações, uma crise pode produzir o melhor, o pior, ou um simples retorno à estabilidade anterior.

A crise da educação deve ser concebida em sua própria complexidade que, por sua vez, remete à crise da complexidade social e humana, crise que ela traduz, agrava, e à qual poderia trazer sua contribuição específica à regeneração social e humana se pudesse encontrar as forças regeneradoras.

Uma educação regenerada não poderia por si só mudar a sociedade. Mas poderia formar adultos mais capazes de enfrentar seus destinos, mais aptos a expandir seu viver, mais aptos para o conhecimento pertinente, mais aptos a compreender as complexidades humanas, históricas, sociais, planetárias, mais aptos a reconhecer os erros e ilusões no conhecimento, na decisão e na ação, mais aptos a se compreenderem uns aos outros, mais aptos a enfrentar as incertezas, mais aptos para a aventura da vida.

No cerne da crise do ensino reside a crise da educação. No cerne da crise da educação residem as deficiências no ensino do viver.

Problema de cada um e de todos nós, saber viver encontra-se no cerne do problema e da crise da educação.

III. Compreender!

"O problema é compreender
o que é compreender."[40]
Heinz Von Foerster

O que é compreender? Existem duas compreensões:

1. A compreensão intelectual

É a compreensão do sentido do discurso do outro, de suas ideias, de sua visão do mundo. Essa compreensão está sempre ameaçada. A princípio pelo "ruído" que parasita a comunicação entre emissor e receptor, cria o mal-entendido ou o não enten-

---

[40] *Seconde cybernétique et complexi*té: *rencontres avec Heinz von Foerster,* sous la direction de Evelyne Andrewsky e Robert Delorme, coll, "Ingénium". [Segunda cibernética e complexidade: encontros com Heinz von Foerster, organizado por Evelyne Andrewsky e Robert Delorme]. Paris: L'Harmattan, 2006.

dido e pode ignorar o subentendido. Existe, também, a polissemia de uma noção que, enunciada em um sentido, é entendida em outro; a palavra cultura, verdadeiro camaleão conceitual, pode significar: a) tudo que não é naturalmente inato, deve ser aprendido e adquirido, b) os costumes, valores, crenças de uma etnia ou de uma nação, c) a "cultura erudita" de nossa civilização, aportada pelas Humanidades, Literatura, Artes, Filosofia.

Existe o contexto: o "já gozou, meu querido" de uma amante apaixonada tem um sentido completamente diferente do "já gozou, meu querido" de uma prostituta.

Existe a ignorância dos ritos e costumes da outra categoria ou classe social. Principalmente os ritos de cortesia que, inconscientemente, podem levar a ofender alguém ou degradar a si mesmo aos olhos do outro.

Com frequência, existe a impossibilidade de, a partir do cerne de uma teoria ou Filosofia, se compreender as ideias ou argumentos de outra Filosofia.

Existe finalmente, e sobretudo, a impossibilidade de uma estrutura mental redutora ou simplificadora compreender uma estrutura mental complexa (embora o inverso seja possível).

2. A compreensão humana

A outra compreensão, a compreensão humana, implica uma parte subjetiva irredutível. Essa compreensão é ao mesmo tempo meio e fim da comunicação humana. Neste caso, é preciso considerar a diferença entre explicar e compreender. Explicar é considerar uma pessoa ou um grupo como um objeto e aplicar-lhes todos os meios objetivos de conhecimento. Por vezes, a explicação pode ser suficiente para a compreensão intelectual ou objetiva. Ela é sempre insuficiente para a compreensão humana.

Essa compreensão implica identificação e projeção de indivíduo para indivíduo. Se vejo uma criança em prantos, vou compreendê-la não ao medir o grau de salinidade de suas lágrimas, mas lembrando de minhas tristezas infantis, identificando-a comigo e identificando-me a ela.

Sempre intersubjetiva, a compreensão humana requer abertura para o outro, empatia, simpatia.

Próximo ou distante, essa compreensão reconhece o outro simultaneamente como semelhante a si mesmo e diferente de si mesmo: semelhante a si mesmo por sua humanidade, diferente de si mesmo por sua singularidade pessoal e/ou cultural. O reconhecimento da qualidade humana do outro constitui uma pré-condição indispensável a qualquer compreensão. Essa qualidade é indispensável na vida cotidiana na qual ela se manifesta no nível mais elementar, pela cortesia. Um simples bom-dia, senhor, bom-dia, senhora para o vizinho, para o desconhecido que encontramos em um passeio expressa exatamente um sinal elementar de reconhecimento, confirmado por uma pequena conversação sobre o tempo. Os pais e educadores têm razão ao ensinarem a cortesia, mas erraram ao impô-la como obrigação social. É preciso ensiná--la como necessidade humana de reconhecimento do outro. Como veremos posteriormente, uma das duas necessidades individuais mais profundas é ser reconhecido pelo outro, a outra é a realização das próprias aspirações.

A incompreensão reina nas relações entre seres humanos. Ela atua nas famílias, no trabalho e na vida profissional, nas relações entre indivíduos, povos, religiões. É cotidiana, planetária, onipresente. Cria mal-entendidos, desencadeia os desprezos e os ódios, suscita as violências e sempre acompanha as guerras.

O câncer da incompreensão cotidiana disseminou-se por toda parte; com seus assassinatos psíquicos ("que ele morra"), com suas reduções do outro ao imundo ("que sujeito de merda", "esse porco", "esse sujo"). O mundo dos intelectuais, que deveria ser mais compreensivo, é o mais gangrenado pela hipertrofia do ego, pela necessidade de consagração, de glória. As incompreensões entre filósofos são particularmente surpreendentes. Estamos incessantemente mergulhados no espaço das incompreensões mútuas e generalizadas.

Não são apenas nossas vidas pessoais que são deterioradas pelas incompreensões, é o planeta inteiro que sofre por causa delas. O planeta necessita das compreensões mútuas em todos os sentidos. A incompreensão é fonte de conflitos sangrentos que, em si mesmos, são fontes de incompreensões. A incompreensão traz em si os germes da morte.

Obra educativa essencial, a educação para a compreensão encontra-se ausente de nossos programas de ensino. Dada a importância da educação para a compreensão, em todos os níveis educativos e em todas as idades, o desenvolvimento da compreensão necessita de uma reforma das mentalidades.

A compreensão mútua entre seres humanos, tanto próximos como distantes, é vital para que as relações humanas saiam de seu estado bárbaro.

Daí decorre a necessidade de estudar a incompreensão em suas raízes, em suas modalidades, em seus efeitos. Um estudo como esse é ainda mais necessário porque focalizaria não apenas os sintomas,

mas as causas dos desprezos, racismos, xenofobias. Constituiria, ao mesmo tempo, uma das bases mais seguras da educação para a paz interior de cada um e para paz geral entre humanos.

Os obstáculos para a compreensão humana são enormes; não é apenas a indiferença, mas, sobretudo, o egocentrismo, a autojustificação, o *autoengano*, a mentira para si mesmo, que prejudica o outro, não vê senão os defeitos do outro e nega-lhe a humanidade.

A autojustificação e o autoengano[41] com frequência assumem o controle da relação com o outro. A tendência de cada um é achar que tem razão, muitos acreditam mesmo que têm sempre razão. A incompreensão produz círculos viciosos contagiosos: a incompreensão em relação ao outro suscita a incompreensão do outro em relação a nós mesmos.

Os obstáculos à incompreensão também são transobjetivos e suprassubjetivos: a lei de Talião, a vingança, são estruturas enraizadas de modo indelével na mente humana.

A conjunção das duas incompreensões, intelectual e humana, constitui o maior obstáculo para nossas inteligências e para nossas vidas. As ideias

---

41 Em seus textos, Edgar Morin sempre faz uso da expressão em inglês: *self deception*. (N.Ts.)

pré-concebidas, as racionalizações a partir de premissas arbitrárias, a autojustificação frenética, a incapacidade de se autocriticar, a racionalidade paranoica, a arrogância, a denegação, o desprezo, são os inimigos do viver-junto.

O medo de compreender faz parte da incompreensão. Compreender: essa palavra faz sobressaltarem instantaneamente os que têm medo de compreender por medo de terem que se desculpar. Os que se recusam a compreender condenam a compreensão porque ela impediria a condenação. Por isso, seria necessário não desejar compreender nada, como se a compreensão implicasse um vício terrível, o vício que leva à fraqueza, à abdicação. Esse argumento obscurantista ainda reina em nossa *intelligentsia*, por mais refinada que ela seja.

Quando estamos no cinema, a situação semi-hipnótica que nos aliena relativamente ao nos projetar psiquicamente nos personagens do filme é, ao mesmo tempo, uma situação que nos desperta para a compreensão do outro. Nos filmes *noirs,* conhecidos como filmes de gângster, há uma mensagem filosófica que passa quase despercebida. Na verdade, o que se vê ali são seres humanos que vivem no crime, na droga e que podem se amar, ter amigos; descobrimos nesses seres monstruosos, sua humanidade. Somos capazes de compreender e amar o vagabundo Carlitos, que desprezamos quando encontramos na rua. Compreendemos que o poderoso chefão do filme de Coppola não é apenas um chefe da Máfia, mas um pai movido por sentimentos afetuosos pelos seus. Sentimos compaixão pelos prisioneiros, mas quando saímos do cinema não enxergamos neles senão criminosos punidos justamente. É a mensagem do cinema que sempre é esquecida. Quando vamos ao cinema, participamos da humanidade, mas logo esquecemos dela; amamos um vagabundo, um palhaço, um Chaplin-Carlitos, mas na saída do cinema nós os evitamos e achamos que eles fedem. A mensagem de humanidade, no entanto, foi passada durante o filme.

É a mensagem da compreensão antropológica que traz consigo a consciência da complexidade humana. Ela consiste em compreender que os seres humanos são seres instáveis, nos quais existe a possibilidade do melhor e do pior (alguns podem ter melhores possibilidades que outros), que eles possuem múltiplas personalidades potenciais e que tudo depende dos acontecimentos, dos acidentes que os afetam. Hegel afirmou algo de fundamental importância para a compreensão do outro: "Se você chama de criminoso qualquer um que cometeu um crime, com isso você anula todos os outros aspectos de sua personalidade, ou de sua vida, que não são criminosos.[42]"

O princípio de redução é inumano quando aplicado ao humano. Ele impede compreender que nenhum criminoso é integralmente criminoso, que ele também possui sua múltipla personalidade. Reitera que aquele que cometeu um crime seja permanentemente um criminoso, essencialmente um criminoso, integralmente monstruoso.

As situações são determinantes: virtualidades odiosas ou criminais podem se atualizar em circunstâncias de guerra (encontradas microscopicamente nas guerras conjugais[43]). Em minha vida, constatei inumeráveis derivas: inicialmente pacifistas integrais por horror à guerra, a partir de 1941, transformaram-se em colaboracionistas da guerra nazista; militantes que se tornaram comunistas por generosidade transformaram-se em inquisidores e, em países do Leste, em carrascos. Os atos assassinos,

---

[42] "O que é o pensamento abstrato: não ver no assassino senão essa abstração de ser um assassino e, com a ajuda dessa qualidade natural, anular qualquer outra característica humana. Georg Wilhelm Friedrich Hegel, *Qui pense abstrait?* [Quem pensa de modo abstrato?] [1807], tradução Marie-Thérèse Bernon, *Revue d'enseignement de la philosophie, 22' année, n° 4, avril-mai 1972*, on-line em paris4philo.over-blog.org/ article-r3518ro3.htm1. Para Hegel, a abstração é o que é abstraído (extraído) de seu contexto. Trata-se de um dos maiores vícios de pensamento.

[43] Irène Pennachionni, *De la guerre conjugale* [Sobre a guerra conjugal]. Paris: Mazarine, 1986.

considerados como terroristas, são executados por grupos de alucinados que em seu isolamento vivem ilusoriamente uma guerra total, mesmo em tempos de paz. Mas quando esse isolamento se rompe, muitos deles voltam a ser pacíficos.

3. Os mandamentos da compreensão

A compreensão intelectual necessita apreender o texto e o contexto, o ser e seu meio, o local e o global, juntos. A compreensão humana exige compreensão, mas exige também, e sobretudo, compreender o que o outro vive.

A compreensão nos pede para evitar a condenação peremptória, irremediável. Como se nós mesmos jamais tivéssemos conhecido a fraqueza, nem cometido erros.

A compreensão requer que primeiro compreendamos a incompreensão.

Para ultrapassar as incompreensões, é preciso passar para uma metaestrutura de pensamento complexo que compreende as causas da incompreensão de uns em relação aos outros.

A compreensão rejeita a rejeição, exclui a exclusão. Reduzir à noção de traidor, mentiroso, moralmente desprezível, o que depende de uma inteligibilidade complexa impede reconhecer o erro, o desvio, o delírio ideológico, as derivas.

Ela nos exige compreender a nós mesmos, reconhecer nossas insuficiências, nossas carências, substituir a consciência suficiente pela consciência de nossa insuficiência.

Diante do conflito de ideias, ela nos estimula a argumentar, a refutar em lugar de excomungar e de anatematizar.

Ela nos incita a superar ódio e desprezo.

Ela nos impõe a resistência à lei de Talião, à vingança, à punição, coisas tão profundamente inscritas em nossas mentes.

Ela nos estimula a resistir à barbárie interior e à barbárie exterior, principalmente durante os períodos de histeria coletiva.

Introduzir integralmente a compreensão em nossos espíritos seria civilizá-los totalmente. Todas as tentativas de melhorias nas relações humanas falharam, exceto em comunidades efêmeras, em momentos de fraternização, isso porque não houve enraizamento das faculdades humanas de compreensão.

Todas as potencialidades de compreensão encontram-se em cada um de nós, mas estão subdesenvolvidas.

Compreender é compreender as motivações, situar tudo no contexto e no complexo. Compreender não é explicar tudo. O conhecimento complexo sempre reconhece um resíduo inexplicável. Compreender não é compreender tudo, é reconhecer também que o incompreensível existe.

A compreensão nos conduz, finalmente, à predisposição para o perdão e para a magnanimidade. Quando Nelson Mandela perdoou de maneira sublime, mas sem esquecê-los, os crimes ignóbeis cometidos durante dezenas de anos contra os Negros, esse ato de magnanimidade talvez tenha permitido a esse país perceber o futuro de uma vida mestiçada.

Tudo isso requer uma educação ética, antropológica, epistemológica, o que necessita de uma reforma da educação que conduza à consciência, suas dificuldades, seus riscos de erro e de ilusão; razão de nossas proposições fundadoras sobre a introdução do conhecimento do conhecimento, o conhecimento do humano, a educação para a compreensão.

Seria necessário poder ensinar a compreensão desde a escola primária estendendo-a ao ensino médio e à universidade. É nesse sentido que propus em *Os sete saberes necessários à educação do futuro*[44] que em qualquer universidade seja consagrada uma cá-

---

44 Edgar Morin. *Os sete saberes necessários à educação do futuro*; tradução Catarina Eleonora F. da Silva, Jeanne Sawaia; revisão técnica Edgard de Assis Carvalho, 2ª. ed. rev. São Paulo: Cortez, DF: UNESCO, 2011.

tedra à compreensão humana. Ela integraria em si a contribuição das diversas ciências humanas, tiraria lições de compreensão humana da literatura, da poesia, do cinema. Desenvolveria em cada um de nós a consciência dos *imprintings* (marcas culturais indeléveis recebidas na infância e adolescência), pois somente essa consciência permite tentar se abrir para eles. Essa cátedra engendraria a consciência das derivas, o que permitiria a cada um e a todos resistir à força da corrente e escapar dela. Ela conduziria à consciência dos paradigmas o que permitiria a cada um se empenhar na construção de um metaponto de vista. Ela demonstraria que essa consciência necessita de autoexame e autocrítica, ela conduziria à consciência da necessidade, ao mesmo tempo mental e moral, da autocrítica e favoreceria a ética em cada um e em todos.

4. A compreensão na escola

Temos necessidade de compreender a crise global da educação reconhecendo os elementos particulares dessa crise, de compreender a relação entre as partes e o todo, entre o todo e as partes, principalmente o fato de que, segundo o princípio hologramático, não apenas uma parte está contida no todo, mas o todo se encontra presente no interior das partes. Nas violências escolares existe, sob essa forma particular, a crise global do ensino e na crise do ensino, sob essa forma particular, existe a crise global da civilização. Não temos somente a necessidade de compreender, devemos também promover, como um dos remédios para os males da educação, uma ética da compreensão, tanto nos professores, quanto nos alunos, embora de maneira diferente. (Élisabeth Maheu, *Formação de professores para a compreensão do aluno e para a atividade do grupo*. Colóquio Unesco.[45]) Os professores deveriam efetivar e ensinar também uma ética do diálogo, diálogo entre alunos que brigam entre si, diálogo entre professores e alunos.

Daniel Favre, cuja obra pedagógica é notável, estudou as condições biológicas e sociais da agressividade e propôs "transformar a violência dos alunos

---

45 Élisabeth Maheu, *Formation des enseignants à la compréhension de l'élève et à l'animation du groupe* [Formação de professores para a compreensão e para a atividade do grupo]. Conferência realizada no colóquio "Éducation *et humanisation. L'école à l'ère de la globalisation*" [Educação e humanização. A escola na era da globalização], organizado pela Escola *Changer de Cap*, em 2 de outubro de 2013, na Unesco. On-line: www.ecolechangerdecap.net, op. cit.

em conflito[46]", conflito de palavras e de ideias que permite o diálogo e, por isso mesmo, se torna um aprendizado da democracia, que precisa do conflito de ideias para não se deteriorar, com a condição de que esses conflitos ignorem a força física. Seria muito importante encontrar métodos de prevenção da violência[47].

Neste caso, é necessária ao professor uma virtude específica, virtude essa que as violências e turbulências enfraquecem: a bondade. A bondade é essa virtude que Confúcio exigia de todos aqueles que dispõem de autoridade. A bondade é ameaçada quando a autoridade do professor é enfraquecida. A verdadeira autoridade do professor é moral, reside na força de sua presença, tem algo de carismático, impõe-se sem nada impor quando suas proposições suscitam atenção e interesse. Acrescente-se a isso o fato de que a consciência da complexidade humana nos convida a não nos fixarmos nos aspectos negativos de um indivíduo, mas a olhar todos os seus aspectos, o que tende a eliminar a maldade. Sem dúvida alguma, seria bom ir além da bondade e fa-

---

[46] Daniel Favre, *Transformer la violence des élèves. Cerveau, motivations et apprentissage* [Transformar a violência dos alunos. Cérebro, motivações e aprendizagem]. Paris: Dunod, 2007.

[47] Consultar os trabalhos de Éric Debarbieux, diretor do Observatório Internacional da Violência na Escola, desde 2004, e os de Élisabeth Maheu, que preconiza as práticas da não violência na escola.

zer a apologia da bondade[48]. Bondade, benevolência são parentes próximos de Eros, virtude suprema do professor. Toda a obra pedagógica de André de Peretti, esse mestre da benevolência, segue na direção da compreensão, no sentido mais amplo do termo[49]. É preciso saber despertar o interesse, o que pode ser feito em todas as matérias existentes (e o interesse será tanto mais forte quanto mais as matérias que propomos introduzir no ensino forem próprias para despertar o interesse). Claire Héber-Suffrin[50] discorre com muita pertinência sobre essa questão e Brigitte Prot[51] indica as vias para "acompanhar o desejo de aprender". Diversos autores propõem práticas inovadoras para criar o interesse. Muitos professores insistem na necessidade de dar à *educação psicossocial*[52] *todo seu espaço*.

Para evitar as rivalidades entre alunos, muitos autores preconizam a emulação e a cooperação

---

48 Jacques Lecomte, *La bonté humaine. Altruisme, empathie, générosité* [A bondade humana. Altruísmo, empatia, generosidade]. Paris: Odile Jacob, 2012.
49 André de Peretti, *Le Sens du sens* [O Sentido do sentido]. Paris: Hermès-Lavoisier, 2011.
50 Claire et Marc Héber-Suffrin, *Savoirs et Réseaux. Se relier, apprendre, essayer* [Saberes e redes. Religar-se, aprender, tentar]. Paris: Ovadia, 2009.
51 Brigitte Prot, *J'suis pas motivé, je fais pas exprès. Les clés de la motivation scolaire* [Não estou motivado. Não estou a fim disso. As chaves da motivação escolar]. Paris: Albin Michel, 2003.
52 Maridjo Graner no colóquio da Unesco "École *changer de cap*", on-line: www.ecolechangerdecap.net/spip.php?rubrique64.

(Jacques Lecomte). A prevenção do fracasso e do desligamento da escola constitui um dos maiores desafios dessa reflexão.

Por considerar esses diferentes problemas em seu conjunto, uma circular recente do DGESCO (Ministério da Educação Nacional) apresenta a noção abrangente de "clima escolar", ao propor estratégias "pedagógicas e educativas", e solicita que os laços escola-família, escola-parceiros, sejam assegurados.

Por meio da experiência de professores alertas e em alerta, a dos mestres em Ciências da Educação, dentre os quais muitos estão conscientes dos problemas da complexidade e da complexidade dos problemas do ensino, começam a se constituir os componentes de um quebra-cabeça, cujas peças precisarão ser articuladas (e eu espero que a coleção que este livro inaugura contribua para isso) para produzir a configuração reformadora do conjunto.

5. A compreensão professores-alunos

Examinemos então, mais adiante, as duas classes da classe, a juvenil, dos alunos, e a adulta, dos professores.

Sempre há virtualidade conflitual entre os que detêm a autoridade e dispõem de sanções e os que as sofrem. Acrescentam-se a isso as virtualidades conflituais entre duas classes de idade, de costumes, de culturas diferentes que se encontram na mesma sala de aula. Daí se origina a possibilidade de formação e desenvolvimento de uma luta de classe específica entre uns e outros.

6. A juventude discente

Em meu tempo, antes da guerra, vivi no ensino médio uma pequena luta de classe velada entre uma parte dos alunos e a autoridade incumbida de ensinar. Ela se manifestava por meio de diversas transgressões, como copiar do colega vizinho, levar colas nas aulas de redação, pedir para alguém soprar as respostas quando faziam perguntas à classe, conversar com os colegas, e por vários tipos de tumulto, segundo os professores, dentre os quais alguns podiam se tornar bodes expiatórios. Isso se manifestava inclusive nos alunos rebeldes, por meio de desordens, distrações, preguiça, maus resultados nas avaliações; quanto a mim, a partir do quarto ano, durante os cursos que não me interessavam, eu lia romances escondidos sob a carteira escolar, sobre meus joelhos, o que contribuiu para que eu conhecesse Honoré de Balzac e Émile Zola. Tínhamos nossa gíria, impingíamos apelidos zombeteiros aos professores e bedéis. Sentíamos uma solidariedade do Nós em relação a Eles quando nos recusávamos a delatar alguém.

Tudo isso se agravou consideravelmente. A adolescência alcançou uma autonomia de bioclasse social e adquiriu uma cultura por meio da televisão, depois pela Internet, coisas desconhecidas em minha época.

Junto aos jovens oriundos de famílias emigradas, inclusive na segunda e terceira gerações, existem dificuldades de aculturação, não à cultura juvenil, mas à sociedade francesa na qual sofrem rejeições ou desprezo.

O que em meu tempo era fator de integração, como a História da França, tornou-se fator de desintegração. Devo admitir que, no meu caso, o processo foi mais facilitado pelo fato de que, desde a infância, meus pais eram francófonos, provenientes não de uma nação, mas de uma cidade de maioria sefardita do Império Otomano, Salônica, que eu era desprovido de qualquer cultura nacional ou religiosa anterior e integrava em mim, como minha, uma história épica prodigiosa, feita de glória, de humilhações, de mortes e de ressurreições, de Vercingétorix até a guerra de 1914. Em contrapartida, os jovens

89

magrebinos ou africanos sabem que foram colonizados por essa história, e se sentem assim, os martinicanos e africanos conhecem a escravidão imposta a seus ancestrais negros durante séculos e não podem se identificar com a história de uma França branca como a Flor de Lis. Por outro lado, eles poderiam se identificar a uma história intelectual marcada por Montaigne, Montesquieu, Voltaire, Diderot, Rousseau e a uma história política e social marcada pelas ideias universalistas da Revolução Francesa. Eles poderiam se identificar com um ensino que apresentasse a história da França como a formação de uma nação única e multicultural, no decorrer de milênios, por meio da integração de etnias muito diferentes umas das outras, como os bretões, flamengos, alsacianos, borgonheses, saboianos, corsos, nicenses, provençais, catalães, bascos. Esse ensino lhes mostraria como, a partir do início do século XX, a França continuou com sua multiculturalidade, por meio da integração de espanhóis, portugueses, poloneses, sefarditas do ex-Império Otomano, asquenazines do ex-Império Russo, depois asiáticos, chineses e vietnamitas, magrebinos, africanos. Sem dúvida alguma, essa integração já foi difícil para os primeiros imigrantes. Quando chegaram a Marselha, os italianos eram chamados de macarroneiros sujos. Foram necessárias duas gerações para se alcançar uma integração cujo desfecho feliz se deu graças ao casamento misto. As dificuldades foram ainda maiores com os africanos a quem, por conta da cor de sua pele, foi recusado um alojamento, com os jovens de descendência argelina, que receberam de presente uma guerra cruel e, nas batidas policiais, sofrem discriminação por sua aparência, com os árabes-muçulmanos em geral, que se ressentem com indignação da colonização imposta aos palestinos, e sobre quem caem as exacerbações do que se denomina islamofobia. Com mais dificuldade, mais lentidão e com inúmeros fracassos, a integração continua, sua possibilidade é simbolizada pela ascensão social de celebridades do mundo do espetáculo, do cinema, de responsáveis administrativos e de políticos. Não devemos esquecer que, no passado, a integração dos provincianos foi muito cruel, com a Guerra dos Albigenses, com as dragonadas[53] sofridas pelos bretões, no século XVII, nem esquecer que a Guerra dos Corsos não pôde ter seu desfecho senão com um reconhecimento de autonomia.

A partir de então, o ensino da história, atualmente desintegrador para os alunos provenientes de outras ascendências, pode se revelar integrador se

---
53 Nome por que ficaram conhecidas as perseguições aos protestantes do sul da França durante o reinado de Luís XIV. (N.Ts.)

tornar-se o ensino da história de formação de uma França una e multicultural[54]. Nesse caso, ainda somos compelidos a repensar os programas.

As dificuldades de integração podem suscitar não apenas um sentimento de estrangeiridade, apesar de se possuir uma carteira de identidade francesa, mas, sobretudo, os fracassos escolares, o mal-estar, os sofrimentos, e conduzir alguns à busca de outra identidade, árabe-islâmica, que quando levada a extremos pode conduzir à jihad em um país do Oriente e, até mesmo, na França. Como escapar da circularidade infernal da rejeição que faz alguém rejeitar aquele que o rejeita, o que agrava a rejeição de quem rejeita que, por sua vez, agrava a rejeição do rejeitado?

Os fracassos, os desligamentos de alunos, as violências, não são coisas provenientes somente dos descendentes de emigrados ou dos jovens membros de gangues, podem ser interétnicas, provir de crianças de famílias em dificuldades sociais ou dificuldades internas (cenas de violência conjugal, alcoolismo, golpes, separação) e também podem ser encontradas por toda parte, em todas as categorias de alunos, quando ocorre uma falência de autoridade, uma injustiça cometida ou uma turbulência que

---

54 Edgar Morin e Patrick Singainy, *La France une et multiculturelle. Lettres aux citoyens de France* [A França una e multicultural. Cartas aos cidadãos da França]. Paris: Fayard, 2012.

se tornou ciclônica. Nesses casos, por vezes chega-se ao terror, o terror provocado pelos violentos, algumas vezes armados, o terror que provoca a exclusão e a penalização.

Outro terror se criou e se propagou entre alunos, não somente nos trotes de uns sobre os outros, que se tornaram bodes expiatórios, mas também nas intimidações na saída da escola. Segundo Éric Debarbieux[55], de sete a dez por cento dos alunos são vítimas de outros alunos[56].

Quando a luta de classe se radicaliza, ocorre uma tripla humilhação: a do aluno que humilha o professor, a do professor que humilha o aluno, a do aluno que humilha o aluno; triplo sofrimento, tripla incompreensão.

Como tratar esse mal e esses males?

7. A classe docente

Para ensinar, dizia Platão, precisa-se de Eros, ou seja, do amor. É a paixão do professor por sua

---

[55] Éric Debarbieux (1953-). Seus trabalhos sobre as formas de prevenção e de luta contra as violências escolares são fontes importantes de reflexão para a educação de todos os níveis. (N.Ts.)

[56] Éric Debardieux e Catherine Blaya, orgs. *Violência nas escolas: dez abordagens europeias*; tradução Patrícia Zimbres, Paula Zimbres. Brasília: UNESCO, 2002. (N.Ts.)

mensagem, por sua missão, por seus alunos que assegura uma influência possivelmente salvadora, a de acessar uma vocação de matemático, de cientista, de escritor literário. Sempre existiram e sempre existem professores, homens e mulheres, possuídos pelo Eros pedagógico. Na escola secundária, conheci um deles, M. Hugonin, meu professor de história, na universidade foi Georges Lefèvre, historiador da Revolução, Gaston Bachelard, Vladimir Jankélévitch, todos eles inspirados pelo apropriadamente denominado fogo sagrado.

Na primeira metade do século XX, essa foi a paixão dos professores do interior, sacerdotes da laicidade, convencidos de que poderiam trazer os Iluministas para fazer frente ao obscurantismo do cura. Essa foi a paixão de muitos professores do ensino médio, conscientes e felizes de seu papel cultural insubstituível. Essa ainda continua a ser uma paixão em muitos professores. O corpo docente do ensino médio sofreu uma grande desmoralização, na degradação de seu prestígio e de seu status diante das famílias controladoras, diante da cultura midiática e internáutica, disseminada na classe juvenil, diante da luta de classe conduzida por uma parte da juventude discente.

A desmoralização conduz ao fechamento, à resignação, à funcionarização, à deserotização.

Na universidade, os professores se fecham no mandarinato, alguns são desafiados pelos estudantes, usuários assíduos do Google, e tomam um Lexotan antes de entrar no anfiteatro. Sentem-se cada vez mais ameaçados e incompreendidos, inclusive pelas reformas medíocres que os sucessivos Ministros da Educação tentam impor a eles.

Na verdade, o que é ainda mais grave, fato que já indiquei anteriormente, uma segunda temeridade se abriu contra eles, a vulgata tecnoeconômica predominante entre políticos e empresários tende a impor seus critérios de eficácia, de rentabilidade e de competitividade ao sistema educacional do ensino médio e da universidade. A avaliação por meio de notas já pode ser considerada arbitrária quando se trata de literatura ou de Filosofia, mas em lugar de ser substituída por uma avaliação motivadora, tende a se inserir em um gigantesco sistema de avaliações quantitativas, que se generaliza em toda a sociedade, na qual os próprios avaliadores são avaliados por superavaliadores que jamais souberam se autoavaliar nem colocar em dúvida suas avaliações.

O cálculo (estatísticas, pesquisas de opinião, crescimento, PIB) invadiu tudo. O quantitativo elimina o qualitativo. Sob a pressão tecnoeconômica, o humanismo encontra-se em regressão.

O que fazer, então?

Trata-se, evidentemente, de resistir à pressão do pensamento econocrático e tecnocrático tornando-se defensor e promotor da cultura, o que exige que se ultrapasse a disjunção entre ciências e humanidades.

Trata-se de manter ou reencontrar uma missão insubstituível, a da presença concreta, da relação de pessoa a pessoa, do diálogo com o aluno, por meio da transmissão de um "fogo sagrado" e da elucidação mútua dos mal-entendidos.

Missão pessoal que permite o reconhecimento da qualidade humana do aluno, que manifesta para ele a bondade e a atenção, e não a rejeição, inserindo-o na categoria dos cretinos e débeis mentais.

Missão pessoal que, ao ensinar a compreensão, faz compreender a necessidade imediata da compreensão na sala de aula, manifesta ali a sua compreensão e deveria receber em troca a compreensão.

Missão pessoal que toma consciência de que o pior mal é a humilhação do outro e propicia essa consciência ao aluno, pois a pior coisa nas relações humanas é a humilhação recíproca.

A via: escapar do círculo vicioso das humilhações para encontrar o círculo virtuoso dos reconhecimentos recíprocos.

IV. Conhecer!

"A característica do erro é que ele não se reconhece como tal."
Descartes

1. As cegueiras do conhecimento: o erro e a ilusão

É surpreendente que a educação, que visa a comunicação dos conhecimentos, seja cega a respeito do que é o conhecimento humano, seus dispositivos, suas fraquezas, suas dificuldades, suas propensões tanto ao erro como à ilusão e, de modo algum, se preocupe em fazer conhecer o que é conhecer.

Na verdade, o conhecimento não pode ser considerado como uma ferramenta *ready made* que pode ser utilizada sem que sua natureza seja examinada. O conhecimento do conhecimento deve ser considerado como uma necessidade primordial que serviria de preparação para o enfrentamento dos riscos permanentes do erro e da ilusão, que não cessam de parasitar a mente humana. Trata-se de armar cada mente para o combate vital em prol da lucidez.

É necessário introduzir e desenvolver no ensino o estudo das características cerebrais, mentais, culturais dos conhecimentos humanos, de seus processos e de suas modalidades, das disposições, tanto psíquicas como culturais, que fazem com que ele incorra nos riscos do erro ou da ilusão.

2. O conhecimento pertinente

Existe um problema crucial, frequentemente ignorado, que é o da necessidade de promover um conhecimento capaz de compreender os problemas globais e fundamentais para neles inscrever os conhecimentos parciais e locais.

A supremacia de um conhecimento fragmentado em disciplinas com frequência é ineficiente para efetivar a ligação entre as partes e as totalidades e deve ceder lugar a um modo de conhecimento capaz de conceber os objetos em seus contextos, em seus complexos, em seus conjuntos.

É necessário desenvolver a disposição natural da mente humana para situar todas as suas informações em um contexto e em um conjunto. É necessário ensinar os métodos que permitam perceber as relações mútuas e as influências recíprocas entre partes e todo em um mundo complexo.

3. O erro de subestimar o erro

Existem dois erros a respeito do erro: um é superestimá-lo, o outro subestimá-lo. Desde o início do mundo, qualquer progresso sobre o desconhecido, qualquer processo de adaptação ao meio e de adaptação do meio ao indivíduo ocorreu por meio de tentativas e erros e esse processo sempre ocorrerá, não apenas na infância e na adolescência, mas durante toda a vida. Do mesmo modo que o erro ignorado é nefasto, o erro reconhecido, analisado e ultrapassado é positivo.

Em seu ensaio *Elogio do erro*[57], Laurent Degos mostra que, em relação a um sistema enrijecido em suas certezas ou em suas "verdades", o erro é "motor da vida, fonte de descoberta e de inovações... traz o mistério do inesperado".

---

[57] Laurent Degos. *Éloge de l'erreur* [Elogio do erro]. Paris: Le Pommier, coleção "Manifestes", 2013.

Você procura
a Índia
Você encontra
a América[58].

Qualquer forma de criação surge como um erro em relação ao sistema no qual ela se produziu antes de se transformar em verdade de um sistema transformado. Do ponto de vista escolar, o erro é sobrestimado por ser considerado como uma falta, mas, como afirma muito acertadamente Daniel Favre, o erro é uma informação. Uma informação útil para o professor e, consecutivamente, para o aluno. André Giordan[59] fez uma esplêndida reflexão a respeito da utilização positiva dos erros (*École changer de cap*). A princípio, com o objetivo de compreender e intervir nas causas dos erros, que podem ser muito diversas (psicológicas, familiares, sociológicas), a fim de tratá-las à maneira da boa medicina hipocrática, não apenas os sintomas, mas também as causas, uma vez que a punição não considera senão o sintoma.

---

58 Andrei Voznessenski. *La poire triangulaire* [A pera triangular]. Paris: Denoël, coleção "Les Lettres nouvelles", 1970. Tradução do russo: Jean-Jacques Marie.
59 André Giordan (1946-). Biólogo, especialista em fisiologia das regulações, em didática e epistemologia das ciências. (N.Ts.)

O erro pode decorrer de uma incompreensão das regras, de um desinteresse pelo assunto tratado ou de uma defasagem com a cultura da escola. Os termos empregados em sala de aula não são inteiramente "transparentes" para os alunos: por exemplo, o que querem dizer para eles os termos analisar, indicar, explicar, interpretar, concluir? O erro pode resultar igualmente de uma decifração inadequada das regras do contrato escolar. Muitos erros provêm das dificuldades de decodificar os conteúdos implícitos de uma situação.

O erro pode revelar representações dos alunos diretamente ligadas a um meio circundante ou a seu próprio contexto de vida. Pode depender de suas maneiras de raciocinar, das inferências que são capazes de fazer, dos processos que podem mobilizar. Certos obstáculos estão ligados aos modos como o aluno age e reflete com os meios de que dispõe: estes meios não são necessariamente apropriados e, inelutavelmente, levam os alunos a cometer erros. Poderíamos citar, ainda, os erros provocados pela situação escolar ou pelo método utilizado. Este método pode estar inteiramente defasado em relação às necessidades e ao funcionamento mental da criança, do adolescente.

O reconhecimento do erro permite ultrapassá-lo. Seria igualmente necessário considerar o erro do aluno com atenção e benevolência para que ele compreenda suas causas, o que ele significa, tal como sugere o *Coletivo Changer de Cap*, "passar de uma pedagogia intimidante para uma pedagogia estimulante".

O erro é subestimado por ser encarado como um parasita exterior à faculdade cognitiva, mas tem suas origens no próprio conhecimento: ele é encarado como risco ocasional, mas constitui uma ameaça a qualquer vida e à vida como um todo.

Consideremos primeiramente o problema antropológico do erro. O erro é inseparável do conhecimento humano, pois qualquer conhecimento é uma tradução, a começar pela tradução dos sentidos, principalmente a percepção visual (de estímulos fotônicos sobre a retina, captados em uma mensagem transmitida pelo nervo ótico utilizando-se de um código binário, mensagem essa reconstruída e transformada pelo cérebro que a transforma em uma percepção). Qualquer tradução corre o risco do erro, toda reconstrução corre o risco do erro, pois o risco do erro é inerente ao conhecimento. É preciso saber que "aqueles que identificam uma parte da verdade à verdade incorrem no erro". Subestimamos o erro quando ignoramos que ele desempenha um papel perigoso e, por vezes, mortal em nossos empreendimentos e em nossas vidas.

É de suma importância que o conhecimento do conhecimento, que comporta a dificuldade do conhecimento pertinente, o risco do erro e da ilusão, receba um lugar de destaque em nossa educação e, no meu entender, desde o curso primário. É necessário fazer com que as causas dessas cegueiras sejam conhecidas:

1. O caráter inédito de um problema, o esquecimento de uma experiência passada similar, ou um raciocínio por analogia do caráter errôneo.

2. A não detectabilidade do problema a partir de ideias recebidas, consideradas como evidentes ou a partir de seu desenvolvimento lento ou submetido a flutuações.

3. O fracasso na solução de um problema devido aos limites dos conhecimentos ou dos meios tecnológicos, ou devido a uma intervenção limitada ou demasiado tardia.

4. O comportamento em função de interesses particulares que ocultam o interesse geral (como o imperativo do lucro imediato).

Em sua totalidade, do ensino médio ao ensino superior, a educação deve comportar essa preparação para a vida que constitui um jogo do erro e da verdade[60].

4. A reforma de pensamento[61]

Reforma de pensamento e transdisciplinaridade

O modo de pensamento ou de conhecimento fragmentado, compartimentalizado, monodisciplinar, quantificador, nos conduz a uma inteligência cega, na mesma medida em que a atividade humana normal, empenhada em religar os conhecimentos, é sacrificada em prol da atitude não menos normal de separar. Devemos pensar o ensino a partir da consideração dos efeitos cada vez mais graves da hiperespecialização dos saberes e da incapacidade de articulá-los uns aos outros. A hiperespecialização

---

60 Edgar Morin. *Pour entrer dans le XXIe siècle*. [Pour sortir du XXe. Siècle, 1981]. Paris: Seuil, 2004. [Edição brasileira: *Para sair do século XX*; tradução Vera de Azambuja Harvey. Rio de Janeiro: Nova Fronteira, 1986].

61 Texto da comunicação feita em Locarno, por ocasião do congresso organizado sob a égide da UNESCO (de 30 de abril a 2 de maio de 1997), pelo Centro Internacional de Pesquisas e Estudos Transdisciplinares (CIRET).

impede que se enxergue o global (que ela fragmenta em parcelas), bem como o essencial (que ela dissolve). Os problemas essenciais jamais são parcelares e os problemas globais são cada vez mais essenciais. Perdemos a aptidão de globalizar, ou seja, de introduzir os conhecimentos em um conjunto mais ou menos organizado. As condições de qualquer conhecimento pertinente são precisamente a contextualização, a globalização.

Em um circuito ininterrupto, conhecer implica separar para analisar e religar para sintetizar ou complexificar. Separatista, a prevalência disciplinar nos faz perder a aptidão para religar, a aptidão para contextualizar, ou seja, para situar uma informação ou um saber em seu contexto natural.

Lembramos ainda mais dessas condições pelo fato de que uma era planetária de intersolidariedade está em curso. Acrescentemos a isso que a disjunção histórica entre as duas culturas, a cultura das humanidades, que comportava a Literatura, a Filosofia, mas, sobretudo, uma possibilidade de reflexão e assimilação dos saberes, e a nova cultura científica, baseada na especialização e na compartimentalização, agrava as dificuldades que podemos ter para refletir sobre os saberes e, mais do que isso, para integrá-los. Vivemos sob o império do que se poderia denominar um paradigma da disjunção⁶². É evidente que a reforma do pensamento não tem como objetivo fazer com que nossas capacidades analíticas ou separatistas sejam anuladas, mas acrescentar a elas um pensamento que religa.

Ao contrário do que se acredita, as crianças fazem funcionar espontaneamente suas aptidões sintéticas e suas aptidões analíticas, sentem espontaneamente as ligações e as solidariedades. Somos nós que produzimos os modos de separação e que lhes ensinamos a constituir entidades separadas e fechadas. As crianças são obrigadas a aprender no interior de categorias isolantes: a História, a Geografia, a Química, a Física, sem aprender, ao mesmo tempo, que a História sempre acontece em espaços geográficos e que cada paisagem geográfica é fruto de uma história terrestre, sem aprender que a Química e a Microfísica têm o mesmo objeto, embora em escalas diferentes. Ensinamos nossas crianças a conhecer os objetos separando-os, isolando-os, mas é necessário, também, recolocá-los em seu meio para conhecê-los, ensinar que um ser vivo só pode ser conhecido em sua relação com seu meio, de onde extrai a energia e a organização.

---

62 Paradigma: princípio organizador oculto do conhecimento, cf. minha definição no léxico dos conceitos que aparece ao final de *O Método 6 – Ética*, e que concerne aos seis volumes.

Uma criança pode muito bem compreender que quando come não realiza apenas um ato biológico vital, mas também um ato cultural: que essa alimentação foi escolhida em função de normas outorgadas por sua família, sua religião. A criança está apta para captar essa complexidade do real, enquanto o adulto, frequentemente formado pelo ensino acadêmico, não consegue mais percebê-la.

O que o professor deveria aprender para poder ensinar à criança é um modo de conhecimento que religa. Não é suficiente dizer apenas "é necessário religar" para efetivamente religar. Religar requer conceitos, concepções e o que denomino operadores de religação.

O sistema

A primeira noção ou concepção é a de sistema. Trata-se de uma abordagem que ressurgiu recentemente em nosso conhecimento, em oposição à concepção reducionista para a qual o conhecimento das partes ou dos elementos de base é suficiente para conhecer os conjuntos, que nada mais são do que agregações, uma vez que esses conjuntos só existem por meio da organização. Na verdade, é por meio da organização que o todo se constitui em algo mais do que a mera soma das partes ou, dito de outra forma, que um todo organizado (sistema) produz ou favorece o aparecimento de certo número de qualidades novas, ausentes nas partes separadas: as emergências. Não constitui um dos maiores mistérios do universo o fato de que a reunião de elementos dispersos, por exemplo, a reunião de um número muito grande de macromoléculas que se aglomeraram, tenha permitido o surgimento do primeiro ser vivo? Que desse novo tipo de organização tenham emergido qualidades novas, como as qualidades de conhecimento, de memória, de movimento, de autorreprodução?

Podemos afirmar que a noção de sistema, ou mesmo a de organização, termo que eu prefiro, permite conectar e religar as partes a um todo e nos livrar dos conhecimentos fragmentários.

A causalidade circular

Uma segunda noção importante é a de circularidade ou de circuito. Essa noção foi frequentemente utilizada, mas sem ser nomeada. Quando Pascal[63] afirmava "acredito ser impossível conhecer

---

63 Blaise Pascal (1623-1662). Suas reflexões excederam em muito a Filosofia da matemática e a física, principalmente com a teoria das probabilidades, a geometria projetiva, o cálculo infinitesimal. De modo fragmentário, suas proposições foram expostas no livro intitulado *Pensées*, referência recorrente na obra de Edgar Morin. [Edição

o todo sem conhecer as partes", ele enfatizava com vigor que o verdadeiro conhecimento é um conhecimento que efetiva o circuito do conhecimento das partes na direção do conhecimento do todo e o do todo na direção do conhecimento das partes. Forneço um exemplo bem comum: quando fazemos uma tradução a partir de uma língua estrangeira, tentamos captar um sentido global provisório da frase, conhecemos algumas palavras, consultamos o dicionário: as palavras nos ajudam a visualizar o sentido da frase que, por sua vez, nos ajuda a fixar o sentido das palavras, a fazê-las sair de sua polissemia para dar a elas um sentido unívoco. Por meio desse circuito, e isso se conseguirmos efetivá-lo, teremos em mãos uma boa tradução.

A noção de circuito torna-se ainda mais interessante e fecunda quando não se restringe à ideia de um circuito regulador, que anula os desvios e permite manter a homeostasia de um sistema ou de um organismo. A noção mais vigorosa é a de circuito autorregenerador ou recursivo, ou seja, a de um circuito no qual os efeitos e os produtos tornam-se necessários à produção e à causa daquilo que os causa e daquilo que os produz. Um exemplo evidente

---

brasileira: *Pensamentos;* tradução Mario Laranjeira; revisão técnica e introdução Franklin Leopoldo e Silva. São Paulo: Martins Fontes, 2005]. (N.Ts.)

desse tipo de circuito somos nós mesmos, pois somos os produtos de um ciclo de reprodução biológica do qual nos tornamos os produtores a fim de que o ciclo continue. Somos produtos produtores. Acontece o mesmo com a sociedade: ela é o produto das interações entre indivíduos, mas em nível global, precisamente, emergem qualidades novas que retroagem sobre esses indivíduos – a linguagem, a cultura –, que permitem que eles se realizem como indivíduos. Os indivíduos produzem a sociedade que produz os indivíduos.

Em decorrência disso, podemos prontamente extrair duas consequências importantes. Uma de natureza lógica, a de que um produto produtor é incompatível com a lógica clássica. A outra é que vemos surgir a noção de autoprodução e de auto-organização. Eu diria algo mais: nessa noção de autoprodução e de auto-organização – uma noção-chave para certas realidades físicas (estrelas), sobretudo para realidades vivas – não apenas podemos fundar a ideia de autonomia, mas ligá-la ao processo ininterrupto que é o processo da reorganização ou da regeneração.

Vivenciamos a regeneração a todo instante: nossas moléculas se degradam e são substituídas por novas, nossas células morrem e são substituídas por novas, nosso sangue circula e desintoxica nossas células por meio do oxigênio, nosso coração bate e sua bomba cardíaca aciona a circulação do nosso sangue. Cada momento de nossa vida é um momento de regeneração. Eu afirmaria que o ser humano só pode se autoproduzir e se automanter se ele se autorregenerar. Nossas vidas dependem desse processo permanente de regeneração (a respiração conduz o oxigênio que o coração veicula pelo sangue nas células que ele desintoxica incessantemente). Quando refletimos no sentido da auto-organização ou da autoprodução, nos damos conta, como enfatizou von Fœrster[64], que a auto-organização é realmente uma noção paradoxal: um ser vivo, auto-organizador, autoprodutor consome energia, portanto a degrada, por isso, precisa extrair energia de seu meio e depende desse meio que, ao mesmo tempo, lhe fornece sua autonomia. A separação das duas culturas fazia com que a autonomia existisse na metafísica, mas não na ciência. Estamos diante de uma concepção da autonomia que existe não no céu metafísico, mas sobre a face da Terra e que se constrói a partir de dependências. Quanto mais nosso espírito quer ser autônomo, mais deve se alimentar de culturas e de

---

64 Heinz von Fœrster (1911-2002). Considerado um dos precursores da Cibernética, seus escritos investem na religação entre Física e Filosofia. (N.Ts.)

conhecimentos diferenciados. Schrödinger[65] já havia enunciado que carregamos em nossa identidade a alteridade, que não seria outra coisa senão a alteridade do meio. Em nossa identidade de indivíduo social, carregamos a alteridade da sociedade. Em nossa identidade de sujeito pensante, carregamos a herança genética da humanidade e a herança pulsional de nossa animalidade. Com isso, chegamos a certo número de noções que nos permitem religar em vez de separar.

A dialógica

Uma terceira noção, que denomino *dialógica*, pode ser considerada como herdeira da dialética. Entendo "dialética" não da maneira reducionista como usualmente a dialética hegeliana é compreendida, ou seja, como uma simples superação das contradições por meio de uma síntese, mas como a presença necessária e complementar de processos ou de instâncias antagônicas.

É a associação complementar dos antagonismos que nos permite religar ideias que se rejeitam mutuamente, como as ideias de vida e de morte. O que pode existir de mais antagônico do que a vida e

---

65 Erwin Schrödinger (1887-1961). Prêmio Nobel de 1933, suas contribuições à mecânica quântica são fundamentais para o entendimento do sentido da vida. (N.Ts.)

a morte? Bichat[66] definia a vida como o conjunto de funções que resistem à morte. Não faz muito tempo que começamos a compreender como o processo de vida, o sistema de regeneração, ao qual já me referi anteriormente, faz uso da morte das células para se rejuvenescer por meio de novas células. Dito de outro modo, a vida utiliza a morte. Ocorre o mesmo com o ciclo trópico da ecologia que permite que os seres vivos se alimentem uns aos outros, uma vez que se alimentam da morte do outro. Os animais mortos fazem o festim de insetos necrófagos e de outros minúsculos animais, sem contar os unicelulares e seus sais minerais que são absorvidos pelas plantas. Ou seja, a vida e a morte são o reverso uma da outra. O que permite que a formulação de Bichat possa ser complexificada: a vida é o conjunto de funções que resistem à morte, utilizando as forças da morte em seu próprio benefício. Trata-se de uma astúcia da vida, que não deve escamotear o fato de que vida e morte continuam a ser duas noções absolutamente antagônicas. Nesse caso, também existe a possibilidade de religar noções sem negar a oposição entre elas.

---

66 Marie-François Xavier Bichat (1771-1802). Considerado pai da moderna histologia e patologia. Bichat defendeu firmemente as ideias do vitalismo em oposição ao materialismo mecanicista, dominante a partir do século XVII. (N.Ts.)

O princípio hologramático

Finalmente, a quarta noção, que denomino princípio hologramático. Ela explicita que em um sistema ou em um mundo complexo, não apenas uma parte encontra-se no todo, mas o todo encontra-se na parte. Não apenas o indivíduo existe em uma sociedade, mas a sociedade existe em seu interior, uma vez que, desde seu nascimento, a sociedade inculcou nele a linguagem, a cultura, suas proibições, suas normas. Nele existem, também, as partículas que se formaram na origem de nosso universo, os átomos de carbono que se formaram em sóis anteriores ao nosso, as macromoléculas que se formaram antes mesmo que a vida nascesse. Carregamos em nós o reino mineral, vegetal, animal, os vertebrados, os mamíferos etc. Por fim, *a mundialização está no interior de cada um de nós*: pela manhã, escuto as informações do mundo em meu rádio fabricado no Japão, tomo um chá da China ou um café da Colômbia, como uma laranja do Marrocos, uma banana ou um abacaxi da África, uso um suéter de algodão do Egito, uma camisa confeccionada na China, um casaco de lã de carneiro da Austrália, consulto meu computador, cujas peças são produzidas em um país asiático e montadas nos Estados Unidos, pego um carro de origem coreana e, assim, sucessivamente. A mundialização está presente em nossas usinas metalúrgicas e têxteis, radicadas do Norte, em nossos campos cerealíferos da região de Beauce, a sudoeste de Paris, voltados para a exportação, na enxurrada de turistas chineses e japoneses que se aglomeram diante da torre Eiffel.

De qualquer modo, não somos meros espelhos do cosmo, simples microcosmos idênticos ao macrocosmo, como se pensava antigamente; é exatamente por sermos singulares que trazemos em nós a totalidade do universo, o que nos situa na mais ampla religação que possa ser estabelecida.

O pensamento complexo

"Não se trata de destruir, mas de religar."

Edgar Morin

A reforma do pensamento permite integrar esses modos de religação. É isso que denomino pensamento complexo, mas não me canso de dizer que existe um mal-entendido sobre a palavra; pelo fato de ouvirem frequentemente a palavra *complexo* ao seu redor, certas pessoas me dizem "O senhor percebe como suas ideias progridem". Eu lhes respondo que se enganam, pois da maneira que é empregado ou se acredita compreendê-lo, o termo serve para indicar a confusão, o embaraço e a incapacidade que temos para descrevê-lo. O que denomino pensamento complexo é o que visa ultrapassar a confusão, o embaraço e a dificuldade de pensar com o auxílio de um pensamento organizador: que separa e que religa.

A reforma do pensamento defronta-se com condições favoráveis e desfavoráveis.

As condições favoráveis são as duas grandes revoluções científicas. A primeira, já bem avançada, embora longe de ser finalizada, é a que começou no início do século XX com a Física Quântica e que modificou inteiramente nossa noção do real, abolindo totalmente a concepção puramente mecânica do universo. Ela prosseguiu com a Cosmofísica, que suprimiu um universo estático para inscrevê-lo em uma história que comporta um começo e, talvez, um fim.

A segunda revolução, ainda em seus inícios, manifestou-se em certas ciências que se podem denominar ciências sistêmicas, nas quais identificamos efetivamente a criação de abordagens complexas, pluridisciplinares, como nas Ciências da Terra, na Ecologia, na Cosmologia. Na Ecologia, o ecólogo é como o maestro de uma orquestra, que leva em conta os desequilíbrios, as regulações, as desregulações dos ecossistemas, e que solicita as competências específicas do zoólogo, do botânico, do biólogo, do físico, do geólogo etc. O objeto sistêmico não é um objeto dividido, na marra, em disciplinas que se tornaram esquizoides.

Ainda inacabadas, mas em curso, essas duas revoluções representam as condições favoráveis da reforma de pensamento.

Na antiga concepção, não existe nenhum diálogo possível entre ciências que eliminam a ideia de natureza, de cosmo, a ideia de homem. A partir do pensamento complexo, encontramos a possibilidade de religar e, ao mesmo tempo, de separar o ser humano da natureza e do cosmo, podemos restabelecer o diálogo entre as duas culturas, a científica e a humanística, podemos nos situar no universo, onde local e global encontram-se religados.

As condições desfavoráveis são decorrentes das estruturas mentais, das estruturas institucionais, do paradigma da disjunção e da redução que funciona no interior dos espíritos humanos, mesmo quando estes já chegaram a concepções que ultrapassaram a disjunção e a redução. Vemos em René Thom[67], por exemplo, que a crença determinista ainda subsiste, mesmo que seu pensamento tenha

---

67 René Thom (1923-2002). Especialista em topologia diferencial, fundador da teoria das catástrofes, que visa explicar o desaparecimento de um equilíbrio e o estabelecimento de outro, a partir de uma modificação gerada por uma catástrofe. (N.Ts.)

sabido como ultrapassá-la. Estamos de novo no circuito das causalidades: a reforma do pensamento requer uma reforma das instituições que, por sua vez, requer uma reforma de pensamento. Trata-se de transformar esse círculo vicioso em circuito produtivo. A condição para isso é que em algum lugar possa surgir um desvio frutífero que permita que essa ideia se dissemine e se transforme em uma tendência. Em algum lugar de minha obra, dei o exemplo da universidade moderna instituída por Humboldt, no começo do século passado, na Prússia, na época um pequeno país periférico.

Reforma de pensamento e educação

Acredito que, para ser portadora de uma verdadeira mudança de paradigma, a reforma deve ser pensada não apenas no nível da universidade, mas desde o ensino fundamental. A dificuldade reside em educar os educadores, o que constitui o grande problema, como já colocava Marx em uma de suas famosas teses sobre Feuerbach: "Quem educará os educadores?" Existe uma resposta: que eles se autoeduquem com o auxílio dos educandos.

Se o interesse e a paixão (Eros) forem despertados em muitos professores de Filosofia, de História, de Sociologia, eles mesmos poderão ampliar sua cultura e estabelecer laços orgânicos com os professores de outras disciplinas em prol de ensinamentos comuns. A renovação das instituições de formação de professores poderá permitir que eles introduzam e desenvolvam novos saberes em seus ensinamentos. Há algumas décadas existem obras de pesquisadores e professores que investem nas possibilidades e tentativas de uma cultura autêntica, na qual sejam restabelecidas as religações entre os conhecimentos cosmológicos, físicos, biológicos e as Humanidades. Ressaltemos um exemplo: basta que entremos no universo dos livros de Michel Cassé, Hubert Reeves, Trinh Xhuan Thuan; quando se trata da relação cérebro/mente, nos livros de Jean-Didier Vincent, Antonio Damásio; em matéria de complexidade, na obra de Ilya Prigogine, Isabelle Stengers e em minha introdução ao pensamento complexo; em matéria de pensamento transdisciplinar, na obra de Michel Serres, Basarab Nicolescu. Esses são apenas alguns exemplos dessa vasta bibliografia que poderia alimentar as inteligências e as boas vontades. Livros abrem caminhos!

Um programa interrogativo

O espírito da programação atual castra as curiosidades que toda consciência tem de querer saber sobre o humano, a vida, a sociedade, o mundo. Essa consideração nos leva a buscar o ponto de partida do ensino nos primeiros questionamentos e a elaborar, desde o ensino fundamental, um *programa interrogativo*. Perguntar quem é o homem, descobrir sua tripla natureza, biológica, psicológica (individual), social. Perguntar o que é a biologia, descobrir que todos os seres vivos são feitos da mesma matéria que outros corpos psicoquímicos e diferem entre si por sua organização. Em decorrência disso, interrogar sobre a Física e a Química e, mais especificamente, sobre a organização biológica.

Para compreender o que inscreve a humanidade no mundo físico e vivo e o que a diferencia, minha proposta é contar a aventura cósmica tal como pode ser representada atualmente, indicando o que é hipotético, o que é desconhecido, o que é misterioso; a formação das partículas, a aglomeração da matéria em protogaláxias, em seguida, a formação das estrelas e galáxias, a formação dos átomos de carbono em sóis anteriores ao nosso, depois, sua constituição sobre a face da Terra, talvez com a contribuição de materiais oriundos de meteoritos, das macromoléculas; considerar o problema do nascimento da vida, o que fez surgir o problema do surgimento da natureza da organização viva. A partir daí Física, Química, Biologia converteram-se em áreas distintas do conhecimento que não poderão mais ser isoladas.

A partir do cenário da hominização será considerado o problema da emergência do *Homo Sapiens*, da cultura, da linguagem, do pensamento, o que permitirá o surgimento da Psicologia e da Sociologia. Lições a respeito de conexões bioantropológicas deverão ser fornecidas, a fim de fazer compreender que o homem é, ao mesmo tempo, 100% biológico e 100% cultural, que o cérebro estudado em biologia e a mente estudada em psicologia são duas faces de uma mesma realidade e que para que a mente possa emergir é necessário que exista linguagem, ou seja, cultura.

Estou convencido de que é desde o ensino fundamental que podemos tentar situar – pôr em ação – o pensamento que religa, pois ele se encontra presente em estado selvagem, espontâneo, em toda criança. Isso pode ser feito a partir dos grandes questionamentos, principalmente a grande questão antropológica: "Quem somos nós, de onde viemos, para onde vamos?". É evidente que se essa questão for colocada, pode-se responder à criança por meio de uma pedagogia adequada e progressiva, em que e como esses seres biológicos são, ao mesmo tempo, seres psicoquímicos, seres psíquicos, seres sociais, seres históricos, seres que vivem em sociedade, em uma economia de trocas etc. A partir disso, podemos derivar, culminar e ramificar o conhecimento em direção a ciências separadas, mostrando as ligações que existem entre elas. Baseados nisso, podemos conduzir à descoberta dos modos sistêmico, hologramático, dialógico, do conhecimento complexo.

No ensino fundamental, partindo do Sol, por exemplo, poderemos mostrar sua fantástica organização, com incessantes explosões que criam problemas de ordem e desordem, enfatizando seu papel em relação à Terra, o papel dos fótons, indispensável à vida: com isso, poderemos visualizar o que são gravitação, movimento, luz, hidrosfera, litosfera, atmosfera, fotossíntese. Tudo isso seria religado a seu papel nas sociedades humanas: instituição dos calendários, grandes mitos solares...

A etapa do ensino médio deveria ser a da junção dos conhecimentos, da fecundação da cultura geral, do reencontro entre a cultura das humanidades e a cultura científica, da fecundação recíproca do espírito científico e do espírito filosófico: o tempo da reflexividade sobre a ciência, sobre sua situação no mundo contemporâneo. A literatura desempenharia aí um papel proeminente, pois ela é uma escola de vida. É na literatura que aprendemos a nos conhecer, a nos reconhecer, a reconhecer nossas paixões. É no romance que vemos os seres humanos em sua subjetividade e complexidade. La Rochefoucauld[68] afirmava que sem romance de amor não haveria amor: não resta dúvida de que ele exagerava, mas os romances de amor fazem com que reconheçamos nossa maneira de amar, nossas necessidades de amar, nossas tendências, nossos desejos. É fundamental conceder à literatura seu estatuto existencial, psicológico e social que, muitas vezes, se tem a tendência de reduzir ao estudo dos modos de expressão. A partir das grandes obras filosóficas, como os *Ensaios* de Montaigne, poderíamos, igualmente, incitar à necessidade de autoconhecimento para cada um de nós; refletiríamos sobre problemas e dificuldades que essa necessidade coloca, a começar pela presença, em cada um de nós, de uma tendência permanente à autojustificação e à automitificação, à *self-deception* ou autoengano[69].

Trata-se, também, de consolidar e de complexificar o ensino da História. A História já se complexificou ao se tornar história dos processos econômicos, das concepções da vida, da morte, dos costumes. É necessário que a História se transforme em algo ainda

---

[68] François de La Rochefoucauld (1613-1680). Suas máximas e epigramas morais revelam importantes contribuições para o entendimento das ações humanas. Suas reflexões influenciaram o pensamento de Friedrich Nietzsche e de Émile Cioran. (N.Ts.)
[69] Edgar Morin. Réhabiliter et ré-armer l'introspection. [Reabilitar e rearmar a introspecção]. Em *Revue de Psycologie de la motivation*. Cercle d'étude Papul Diel, nº 9, janeiro 1990.

mais multidimensional e que reintroduza os acontecimentos que, durante algum tempo, ela quis excluir. A História nos religa ao passado: passado da nação, dos continentes, da humanidade e, por intermédio desses passados, à nossa poli-identidade natural, europeia, humana. Como indicamos, a História da França deve ser revista do ponto de vista do afrancesamento.

E a universidade? Já afirmei que seria necessário ultrapassar a seguinte alternativa: a universidade deve se adaptar à modernidade ou deve adaptar a modernidade a ela. A universidade deve empenhar-se em uma e em outra, embora esteja violentamente inclinada para o primeiro polo. Adaptar a modernidade à universidade é contrabalançar a tendência para a profissionalização, a tecnicização, a rentabilidade econômica. A adaptabilidade extrema é um perigo, como Humboldt havia percebido muito bem, pois afirmava que a missão da universidade era fornecer as bases de conhecimentos da cultura e que o ensino profissional deveria ser ministrado por escolas especializadas. A universidade é, antes de tudo, o lugar da transmissão e renovação do conjunto dos saberes, das ideias, dos valores, da cultura. A partir do momento em que se pensa que esse é seu principal papel, ela surge em sua dimensão transecular; ela traz em si uma herança cultural, coletiva, que não é apenas a da nação, mas a da humanidade, ela é transnacional. Trata-se agora de torná-la transdisciplinar. Para que isso aconteça, seria necessário introduzir nela os princípios e os operadores da reforma do pensamento que já evoquei anteriormente. São esses princípios e esses operadores que permitirão religar as disciplinas por meio de uma relação orgânica, sistêmica, deixando que elas se desenvolvam livremente.

O circuito das ciências

Cada universidade poderia consagrar um décimo de seus cursos a ensinamentos transdisciplinares. Esses ensinamentos estariam voltados, por exemplo, para a relação cosmo-psico-bio-antropológica e para o circuito das ciências descrito por Piaget[70]. O que esse circuito quer dizer? O circuito escapa da hierarquia ou pirâmide das ciências, em cuja base está a Física, acima da Biologia e acima das Ciências Humanas. É evidente que, em primeiro lugar, somos seres físicos inseridos em um mundo físico, em segundo, somos seres biológicos inseridos em um mundo biológico e, finalmente,

---

70 Jean Piaget (1896-1980). Essencialmente interdisciplinar, a epistemologia genética e a teoria da modificabilidade estrutural de Piaget desempenham um importante papel no pensamento complexo. (N.Ts.)

somos seres humanos inseridos em uma sociedade e em uma história. A ideia de circuito decorre do fato de que a própria Física se desenvolveu no curso da história das sociedades, principalmente no século XIX, ou seja, que a Física não é a base primordial do conhecimento: ela é um produto histórico- -antropológico-social, o que a recoloca no circuito. As Ciências Humanas dependem das Ciências Naturais que, por sua vez, dependem das Ciências Humanas. Trata-se de uma ideia-chave que permite ultrapassar a redução, a disjunção e a hierarquia.

Aprender a aprender

Resumamos:
É necessário *aprender a aprender*, ou seja, aprender ao mesmo tempo separando e religando, analisando e sintetizando:

- a considerar os objetos não mais como coisas fechadas em si mesmas, mas como sistemas que se comunicam entre eles e com o meio circundante, e que essa comunicação faz parte de sua organização e de sua própria natureza;
- a ultrapassar a causalidade linear "causa-e-feito" para apreender a causalidade mútua,

inter-relacional, circular (retroativa, recursiva), as incertezas da causalidade (porque as mesmas causas não produzem sempre os mesmos efeitos quando as reações dos sistemas afetados por elas são diferentes e porque causas diferentes podem suscitar os mesmos efeitos);

- a compreender o desafio da complexidade que advém de todos os domínios do conhecimento e da ação, e o modo de pensar apto a responder a esse desafio.

Um modo de pensar como esse requer a integração do observador em sua observação, ou seja, o autoexame, a autoanálise, a autocrítica. O autoexame deve ser ensinado durante toda a extensão do ensino fundamental; seria estudado, principalmente, como os erros ou deformações podem sobrevir em testemunhos os mais sinceros ou convincentes: a maneira como a mente oculta os fatos que incomodam sua visão de mundo; como a visão das coisas depende menos das informações recebidas do que da maneira pela qual nosso modo de pensar é estruturado.

Para que essa mudança de atitude mental se forme, os professores deveriam poder ser iniciados no que eu denomino ciências de um novo tipo: são elas a Ecologia, as Ciências da Terra, a Cosmologia.

Educação voltada para a ciência ecológica

Torna-se necessário introduzir a Ciência Ecológica como matéria obrigatória em todo o ciclo de ensino. Na verdade, essa ciência restabelece a relação radical (com as raízes) da relação natureza/cultura, humanidade/animalidade, que se encontra disjunta na civilização judaico-cristã (o homem criado à semelhança de Deus na Bíblia, prometido para a imortalidade por São Paulo), disjunção essa agravada na civilização atual (o homem transformado em senhor e dono da natureza segundo Descartes), depois, a partir do século XX, corrompendo não apenas a biosfera, mas a própria civilização que produz essa corrupção.

A ciência ecológica é exemplar para o aprendizado do conhecimento sistêmico, isso porque sua base é a noção de ecossistema, que envolve um conhecimento transdisciplinar, mobilizando conhecimentos da Geografia, da Geologia, do Clima, da Física, da Bacteriologia, da Botânica, da Zoologia e, cada vez mais, das Ciências Humanas, uma vez que foi desde os desenvolvimentos da agricultura e, depois, dos desenvolvimentos massivos da indústria que as atividades humanas modificaram e perturbaram os ecossistemas e, mais amplamente, a biosfera.

A ciência ecológica também se transformou em uma ciência complexa, pois permite religar de maneira efetiva as múltiplas disciplinas e, por intermédio dessa religação, permite considerar os problemas vitais e urgentes da relação igualmente complexa entre o ser humano e a natureza, entre a natureza e sua pátria, a Terra.

O conhecimento ecológico tornou-se vital e urgente: ele permite, requer e estimula a tomada de consciência das degradações da biosfera que, de modo cada vez mais perigoso, repercutem na vida dos indivíduos, nas sociedades, na humanidade e nos incitam a tomar medidas indispensáveis a respeito desse efeito.

Em seguida, as Ciências da Terra que, há vinte anos, nos permitiram compreender a unidade desse sistema monumental e extremamente complexo, até então estudado separadamente pelas diversas ciências, a partir de agora, podem se comunicar sem, no entanto, se unificarem em uma visão redutora. É apaixonante para um ser humano jovem ver como ciências tão diversas como a Geografia, a Sismologia, a Meteorologia, a Geologia são religadas no estudo da História e da vida da Terra.

A Cosmologia tenta responder ao questionamento a respeito das origens e do devir do universo. Podemos fazer com que a criança compreenda que somos parte integrante desse universo, que somos constituídos das mesmas partículas que os sóis mais antigos e, ao mesmo tempo, que nossa humanidade nos diferencia deles, cria uma distância entre nós e a natureza. Devemos fazer com que elas concebam a pequenez e a marginalidade de nosso sistema solar diante do gigantesco e insondável universo e que nosso minúsculo planeta, dentre bilhões de outros planetas, é a nossa pátria humana.

A reforma de pensamento e a ética

É muito importante falar das consequências éticas que o circuito das ciências pode propiciar. Na verdade, moral, solidariedade, responsabilidade não podem ser concebidas abstratamente; não se pode fazer com que a compreensão desses princípios seja forçada nos espíritos humanos do mesmo modo que empanturramos os gansos de comida por meio de um funil. Penso que elas devem ser induzidas pelo modo de pensamento e pela experiência vivida. O pensamento que religa mostra a solidariedade dos fenômenos. O pensamento que nos religa ao cosmo não nos reduz ao estado físico. É um pensamento que nos mostra nossas origens físicas e cósmicas, mas mostra, também, que somos emergências. Fazemos parte da natureza, mas estamos fora dela em uma relação dialógica. Um pensamento que religa restabelece nossa solidariedade. Assim, nos dias atuais, a ecologia relembra nossa solidariedade vital com a natureza que degradamos.

Mas o que destrói essa solidariedade e essa responsabilidade? É a degradação do individualismo em egoísmo e, simultaneamente, o modo compartimentalizado e parcelar no qual vivem não apenas os especialistas, técnicos, experts, bem como os que se encontram compartimentalizados nas administrações e nos escritórios. Se perdemos de vista o olhar do conjunto, o do local no qual trabalhamos e, bem entendido, o da cidade em que vivemos, perdemos *ipso facto* o sentido da responsabilidade: exercitamos simplesmente um mínimo de responsabilidade profissional em nossas pequenas tarefas. Para o resto, como declarou Eichmann, e como declararam os doadores de sangue contaminado aos hemofílicos: "Eu obedeço a ordens[71]." Nós obedecemos a ordens, nós obedecemos a instruções. Enquanto não tentarmos

---

71 O argumento de que o nazismo havia retirado de Eichmann a capacidade de pensar por si mesmo foi desenvolvido por Hannah Arendt em *Eichmann em Jerusalém, um relato sobre a banalidade do mal*; tradução José Rubens Siqueira. São Paulo: Companhia das Letras, 1999. (N.Ts.)

reformar esse modo de organização do saber, todos os discursos sobre a responsabilidade e a solidariedade serão vãos.

A reforma do pensamento pode despertar as aspirações e o sentido da responsabilidade inata em cada um de nós, pode fazer renascer o sentimento de solidariedade, mais explícito em alguns, mas que existe potencialmente em qualquer ser humano. Nesse sentido, a reforma de pensamento e a reforma do ensino não são os únicos elementos que podem agir, mas representam um elemento constitutivo essencial.

Uma segunda consequência importante do ponto de vista ético é que o pensamento transdisciplinar nos induz à ética da compreensão. Um ser humano é uma galáxia; ele possui sua multiplicidade interior. Não é o mesmo em todo momento de sua existência; não é o mesmo quando está encolerizado, quando ama, quando está em família. Somos seres de multiplicidade em busca de unidade e os fenômenos de dupla e tripla personalidade, considerados como casos patológicos, na verdade, são um exagero do que consideramos normal.

Somos múltiplos e suscetíveis a derivas no curso dos acontecimentos, dos acasos, das circunstâncias. Durante a Ocupação Nazista, constatei essa deriva dentre muitos que, por pacifismo, converteram-se em colaboracionistas. Ocorreu o mesmo durante o stalinismo, dentre aqueles que desejavam regenerar a humanidade e que se transformaram em carrascos. Eles ficaram à deriva, submetidos a processos dos quais não eram conscientes. Se reconhecermos essa multiplicidade humana, se constatarmos tudo aquilo de que ela pode padecer, compreenderemos o que Hegel nos disse: Se você denomina criminoso qualquer um que cometeu um crime, você o reduz e o aprisiona em um tipo de comportamento que não leva em conta o conjunto de seus traços de caráter. Reduzir alguém a seu passado é mutilá-lo de suas evoluções ulteriores. Não se deve reduzir o outro nem ao que existe de pior nele mesmo, nem às suas faltas passadas.

É a tendência à redução que nos priva da compreensão: entre os povos, entre as nações, entre as religiões. É ela que faz com que a incompreensão reine dentro de nós, na cidade, em nossas relações com o outro, nas relações entre os casais, entre pais e filhos.

Sem a compreensão, não existe civilização verdadeira, mas sim barbárie nas relações humanas. Por causa da incompreensão, ainda somos bárbaros. Outras barbáries antigas ressurgem em diversos lugares do globo e poderiam aparecer de novo em nosso próprio local. Em nossos países ditos civilizados, as consequências éticas de uma reforma de pensamento seriam incalculáveis. É por esse motivo que nos damos conta, efetivamente, de que a reforma de pensamento traz em si virtualidades que ultrapassam a própria reforma da educação.

A reforma de pensamento conduz a uma reforma de vida que é também necessária para o bem-viver.

V. Ser humano!

1. A condição humana

O conhecimento de nossa condição humana encontra-se ausente dos programas de ensino porque o que é humano está dispersado/compartimentalizado em todas as disciplinas das Ciências Humanas, das Ciências Biológicas (o cérebro estudado em Biologia, a mente na Psicologia), da Física (somos feitos de moléculas, átomos, partículas), mas também na Filosofia, na Literatura e nas Artes, sem as quais nosso conhecimento do humano permaneceria mutilado. Historicamente, devemos inserir o ser humano em uma nova grande narrativa que parte do nascimento do universo, ocorrido há bilhões de anos, que deu origem a nosso Sol, prolonga-se singularmente em um dos seus planetas, estabilizado por sua Lua, pela aventura da vida na qual surgirá entre os mamíferos a linhagem dos primatas e, posteriormente, uma estranha ramificação bípede que vai se direcionar para uma nova aventura: a hominização e o consequente devir humano até a presente globalização que não é senão o estado atual de uma aventura desconhecida[72].

Devemos reconhecer também a complexidade humana: o ser humano é trinitário indivíduo-espécie-sociedade. Produtores um do outro, esses três termos inseparáveis encontram-se em circuito recursivo[73] e estão contidos um no outro: o indivíduo não é apenas uma pequena parte da sociedade, o todo de sua sociedade está presente nele, na linguagem, na cultura. Um indivíduo não é apenas uma pequena parte da espécie humana. O todo da espécie está presente nele, em seu patrimônio genético, em cada célula, está presente até mesmo em sua mente, que depende do funcionamento do cérebro. O ser humano é simultaneamente biológico, psíquico, cultural, social, histórico. É essa unidade complexa da natureza que se encontra completamente desintegrada no ensino disciplinar, e que torna impossível aprender o que significa ser humano. É necessário restaurá-la, de modo que cada indivíduo, onde quer que esteja, tenha conhecimento e consciência de sua identidade singular e, ao mesmo tempo, de sua identidade comum com todos os outros seres humanos.

---

72 Cf. A grande narrativa, p. 142-155.
73 Circuito recursivo: processo no qual os efeitos e os produtos são necessários à sua causação e à sua produção. Assim sendo, o indivíduo humano é o produto de um processo de reprodução (espécie), mas para esse processo de reprodução são necessários dois indivíduos.

Por isso, a condição humana deveria ser o objeto essencial de todo ensino. Trata-se de indicar como, a partir das disciplinas atuais, é possível reconhecer a unidade e a complexidade humanas, reunindo e organizando os conhecimentos dispersos nas Ciências da Terra, nas Ciências Humanas, na Literatura e na Filosofia, e mostrar a ligação indissolúvel entre a unidade e a diversidade de tudo o que é humano.

Ensinar a identidade terrena

O destino doravante planetário do gênero humano é outra realidade-chave ignorada pelo ensino.

O conhecimento dos desenvolvimentos da era planetária, que vão se ampliar no século XXI, e o reconhecimento da identidade terrena, que será cada vez mais indispensável para cada um e para todos, devem se tornar um dos objetivos primordiais do ensino.

É conveniente ensinar a história da era planetária, que começa com a comunicação de todos os continentes a partir do século XVI, e mostrar como todas as partes do mundo tornaram-se intersolidárias, sem ocultar as opressões e dominações que devastaram a humanidade e que não desapareceram.

Será necessário indicar o complexo de crise planetária que marca o século XXI, mostrando que, doravante, todos os seres humanos, agora confrontados com os mesmos problemas de vida e de morte, vivem uma mesma comunidade de destino.

2. A grande narrativa[74]

Sob os efeitos conjugados da Escola dos *Annales,* de uma vulgata marxista e do estruturalismo, os acontecimentos não eram senão algo insignificante em relação aos processos de longa duração, pois escondiam até mesmo os verdadeiros determinantes econômicos e sociais. Artistas, escritores e filósofos não podiam expressar senão sua época, jamais antecipá-la. A História tinha sido esvaziada de suas histórias. Ao mesmo tempo, o filósofo Lyotard[75] proclamava o funeral das "grandes narrativas". Sem dúvida, ele visava a narrativa de uma história marxista da humanidade, que partia do comunismo primitivo e chegava ao comunismo final,

---
74 "L'Histoire a conquis l'Univers", [A história conquistou o Universo]. Em *Homenagem a André Burguière*; Myriam Cottias, Laura Downs, Christiane Klapisch-Zuber, orgs. Rennes: Presses Universitaires de Rennes, 2010.

75 Jean-François Lyotard (1924-1998). Suas ideias sobre a condição pós-moderna são frontalmente contrárias às metanarrativas e voltavam-se mais para as vivências do que para os processos históricos gerais. Integrou o grupo *Socialismo ou Barbárie,* liderado por Claude Lefort, Cornelius Castoriadis e Edgar Morin. (N.Ts.)

e podia destacar precisamente as descontinuidades da história humana. O que Lyotard esquecia era que uma grande narrativa pode ser feita de continuidades e descontinuidades.

No momento em que anunciava o fim das grandes narrativas, ele ignorava, sobretudo, que em nosso conhecimento emergia a maior narrativa que se podia conceber, a narrativa da história de nosso universo, que começou há mais de treze bilhões de anos, que nasceu de uma extraordinária turbulência, prosseguiu com a formação dos núcleos celulares, dos átomos, das galáxias, dos astros. Depois, há quatro bilhões de anos, a narrativa assumiu um curso singular em um planeta de um sol periférico, com o nascimento da vida, com seus desenvolvimentos vegetais e animais e em um ramo de evolução de vertebrados em mamíferos, de mamíferos em primatas, com o aparecimento dos hominídeos bípedes, nossos ancestrais há sete milhões de anos, que deram início a uma nova grande narrativa na meganarrativa do universo; essa narrativa é a da hominização que continuou com o aparecimento do *Homo sapiens,* que depois se transformou na narrativa da diáspora das sociedades arcaicas sobre toda a superfície do planeta, até o aparecimento, nos cinco cantos do globo, das sociedades denominadas históricas, pois com elas surgiram a cronologia, as cidades e os impérios, depois as nações, por intermédio de grandiosas criações civilizacionais, guerras, hecatombes, desastres. A partir do século XVI, essa história prosseguiu por meio de dominações e escravizações na história da mundialização, que hoje torna todas as partes do globo interdependentes e cria novas esperanças e novas ameaças mortais para a humanidade. E a aventura continua, na incerteza e no desconhecido.

A história humana é uma grande narrativa, não é contínua, mas sim caracterizada por descontinuidades, acontecimentos, acidentes, catástrofes, invenções, criações. Podemos, também, afirmar com segurança que a história que inclui descontinuidades, acidentes e inovações, que inclui o acontecimento e a longa duração, as revoluções e as estagnações, não apenas reconquistou sua legitimidade como história complexa e completa da humanidade, como também impôs sua pertinência para o entendimento da hominização, da vida, do universo, como veremos mais adiante.

A hominização não é uma simples evolução a partir de um ancestral cuja descendência teria progressivamente evoluído para chegar ao *Homo sapiens*. Sabemos doravante que, há milhões de anos, existiram várias espécies hominianas concorrentes, que o *Homo habilis* foi suplantado pelo *Homo erectus*, e que, mesmo na época em que o *Homo sapiens* se impôs na Europa, seu primo anterior, o *Homo neandertalensis*, já dispunha das mesmas aptidões no que se refere à fabricação de instrumentos e aos hábitos funerários. O desaparecimento do Neandertal foi devido a um genocídio praticado pelo *sapiens*, a um vírus ao qual *o sapiens* era insensível? Não se sabe. O que podemos afirmar é que a hominização é não apenas uma evolução, como também uma história pontuada por acontecimentos, acidentes, desaparecimentos, inovações. Ela é ao mesmo tempo contínua e descontínua. O desenvolvimento do cérebro se efetiva por intermédio de descontinuidades, pois são novas espécies que surgem com um cérebro mais desenvolvido, e isso até o *Homo sapiens*, cujo volume do cérebro talvez tenha duplicado na sequência de uma mutação genética. A mutação genética, que sempre estabelece uma descontinuidade, fez com que aparecesse uma sucessão de diversas espécies hominianas, até que o *sapiens* estabelecesse sua supremacia. O aparecimento de nossa própria linguagem articulada, inseparável do aparecimento da cultura, é um acontecimento fundador que a postura ereta e a reorganização da cavidade craniana permitiram. A hominização é decorrência de uma história multidimensional, acontecimental, contínua/descontínua, portanto, complexa.

As sociedades pré-históricas permanecem como pequenas sociedades de caçadores-coletores, diferenciam-se umas das outras por seus mitos, por suas adaptações ao meio e ao clima, mas o que constitui uma verdadeira história na pré-história é sua diáspora, que parece ter partido da África, expandiu-se por todos os continentes da Terra e, também, pelos mares. Existe uma miríade de pequenas histórias, as das sociedades no interior de um fenômeno histórico capital: o aparecimento de uma primeira mundialização constituída pela diáspora planetária da humanidade e pela extrema diversificação de suas línguas, costumes, culturas.

Nossa história começa nos cinco cantos do globo em condições ainda difíceis de conceber, por agregações e transformações das microssociedades pré-históricas em grandes sociedades históricas, dotadas de agricultura, sedentarismo, cidades, Estado, exército, classes sociais, escravidão, grandes religiões, artes refinadas ou grandiosas. Em resumo, a história surgiu de uma cadeia de acontecimentos integradores e metamorfoseantes, e a dimensão acontecimental vai permanecer nas guerras, nas formações e destruições dos impérios, nas batalhas com saídas por vezes decisivas para o destino de uma sociedade e, no interior das sociedades, por golpes de Estado, por regicídios, por revoltas, repressões e, por vezes, por novas metamorfoses como a que transformou a pequena e rústica Roma num império ecumênico. Por isso, a história é ao mesmo tempo seignobosiana[76] e braudeliana[77], marxista e shakespeariana, produtora e destruidora, obedecendo a longos processos, mas, subitamente, derrotada por acontecimentos tais como a aventura de um Alexandre, a predição de um Jesus universalizado por Paulo de Tarso, que se tornou São Paulo, por Maomé. Desvios, tais como o capitalismo na sociedade feudal, como a ciência moderna no século XVII, como o socialismo no século XIX, transformaram-se em tendências e, depois, em fantásticas forças históricas que se desenvolveram e revolucionaram as sociedades. Por vezes, imensos impérios desmoronaram, vítimas de invasões que espalharam ruínas e mortes e que, em alguns casos, implodiram sob o efeito de fatores internos de desintegração aos quais, frequentemente, se acrescentaram fato-

---

[76] Referência a Charles Seignobos (1854-1942). Figura representativa da chamada Escola Metódica da História, para o qual os processos históricos eram decorrentes das consequências de desvios e metamorfoses. (N.Ts.)

[77] Referência a Fernand Braudel (1902-1985). Líder da Escola historiográfica dos *Annales,* um dos precursores das modernas teorias dos sistemas-mundo. Juntamente com Claude Lévi-Strauss, Braudel integrou a missão francesa responsável pela criação da Universidade de São Paulo em 1935. (N.Ts.)

res externos. Foi necessário introduzir até mesmo a catástrofe na história humana. Catástrofe do porte da que provocou o aniquilamento de Sumer, de Akkad, da Babilônia, do Império Persa, da civilização Asteca, da civilização Maia, da civilização Inca... Catástrofe como o deslocamento do Império Otomano, do Império Austro-húngaro, a implosão do Império Soviético... Além disso, é necessário introduzir a ideia de metamorfose na história humana, pois esta nasceu de uma metamorfose, da qual, a partir de sociedades arcaicas sem agricultura, sem Estado, sem cidade, aparecem as sociedades históricas. Outra metamorfose foi a de uma Europa feudal em Europa moderna.

Se considerarmos a história humana em todos os seus aspectos complexos, de grandezas e decadências, de criações e destruições, de longa duração e de acidentes brutais, de progresso e regressão, de crescimentos e catástrofes, é exatamente esse tipo de história que vamos encontrar na história da vida e na história do universo. É esse tipo de história que nos revela o que acreditávamos ser contínuo e linear, como a evolução biológica e o que acreditávamos ser imóvel, o próprio universo.

A evolução biológica é histórica no sentido em que os unicelulares se associaram para formar seres policelulares, em que o reino vegetal criou o dispositivo clorofílico que lhe permite captar a energia solar, em que o reino animal criou nadadeiras, patas, asas e os demais órgãos como coração, fígado, cérebro. Como afirmava Bergson[78], a evolução é criadora ou, melhor ainda, a criação é o motor da evolução. As simbioses, como a simbiose original entre dois seres monocelulares, de onde surgiu a célula eucariota própria dos seres policelulares, e as metamorfoses, como as que operam a transformação das crisálidas em borboletas ou libélulas, são igualmente forças motrizes da evolução viva. A história da vida conheceu catástrofes que também a modificaram. Nos dias atuais, sabe-se que uma catástrofe que ocorreu no final da era primária, durante o período permiano, há duzentos e cinquenta e dois milhões de anos, aniquilou quase todas as espécies vivas e a vida recomeçou sob novas bases. Entre os raros sobreviventes estava o dilofossauro, ancestral dos mamíferos; sabe-se, igualmente, que outra catástrofe de origem vulcânica e/ou meteorítica determinou, há sessenta e cinco milhões de anos, a extinção dos dinossauros e deu chance ao surgimento de peque-

---

[78] Henri Bergson (1859-1941). Publicado em 1907, seu ensaio *A evolução criadora* permanece como referência básica para a compreensão da articulação entre teoria do conhecimento e teoria da vida. [Edição brasileira: *A evolução criadora*; tradução Adolfo Casais Monteiro. São Paulo: Editora da UNESP, 2007]. (N.Ts.)

nos mamíferos, nossos ancestrais. Da mesma forma que as mestiçagens devidas a invasões, dominações e encontros entre culturas marcaram a história humana e que todo francês, por exemplo, carrega em si múltiplas mestiçagens, como afirma Ameisen, "toda célula, da mais simples à mais complexa, constitui uma mistura de seres vivos de origens diversas, uma mestiçagem.[79]". Da mesma forma que a história das sociedades humanas, a história dos organismos vivos comporta guerras permanentes; não apenas a guerra entre antagonistas por uma mesma presa, mas também a guerra entre bactérias e vírus, de um lado, e organismos vivos, de outro, que dispõem de seus sistemas imunológicos como se fossem fortificações e exércitos contra os invasores unicelulares. E essa guerra não tem fim, porque troncos de bactérias resistentes resistem aos antibióticos e os vírus sofrem incessantes mutações, como o vírus da gripe e o da AIDS, para enganar as defesas do organismo que eles atacam. As mesmas características fundamentais se encontram na história da vida, bem como na história da humanidade.

Não é tanto a evolução da vida que comporta histórias de múltiplas formas, é mais a história das

---

[79] Jean Claude Ameisen, *Dans la lumière et les ombres. Darwin et le bouleversement du monde*. [Na luz e nas sombras. Darwin e a desordem do mundo]. Paris: Fayard/ Éditions du Seuil, 2008.

múltiplas formas da vida que comporta as multiplicidades das evoluções.

A própria vida originou-se de um acontecimento talvez único sobre a Terra, uma vez que todos os seres vivos dispõem do mesmo código genético, das mesmas propriedades de base autoprodutivas, autorreparadoras, cognitivas. Pôde-se justamente supor que em condições particulares, um turbilhão de macromoléculas se amplificaram e se complexificaram, dando origem a um ser auto-eco-organizador, ou seja, um ser vivo, que dispõe de qualidades e propriedades desconhecidas no mundo físico-químico, embora ele mesmo seja constituído de elementos estritamente físico-químicos. O aparecimento do ser vivo seria o coroamento decisivo de uma evolução físico-química que teria produzido moléculas cada vez mais complexas e reunido moléculas autorreplicativas (ARN, DNA) e proteínas em uma entidade que se transformava em algo vivo e se alimentava no seu próprio ambiente.

Foi de modo fundador e fundamental que o universo entrou na história e que a história entrou no universo. A princípio, Edwin Hubble havia descoberto a dispersão das galáxias que rompia a suposta imobilidade do cosmo. Posteriormente, supôs-se a ocorrência de um acontecimento primordial, de natureza térmica, quase explosiva, de onde

151

teria nascido o universo, fato esse confirmado pela detecção de uma irradiação isótropa fóssil advinda de todos os horizontes de nosso universo atual, indicando a existência de um acontecimento originário denominado Big Bang. Desde os primeiros segundos, as partículas apareceram, encontraram-se em colisões que as aniquilaram mutuamente, em associações que formaram os núcleos e, depois os átomos, e o primeiro genocídio que marcou o nascimento de nosso universo, o aniquilamento da antimatéria pela matéria, como talvez tenha ocorrido o aniquilamento dos neandertalenses pelo *Homo sapiens*. Sob o efeito da gravitação, as protogaláxias se formaram e poeiras cósmicas se aglutinaram numa temperatura crescente na qual ocorreu uma explosão que deu origem a milhões de estrelas que continuam a nascer incessantemente. Uma vez esgotado seu combustível interno, todas essas estrelas, assim como os seres humanos, estão destinadas à morte. A história do universo é uma história de formação de organizações (átomos, moléculas, astros) e de degradação e desintegração de organizações, de acordo com o segundo princípio da Termodinâmica que é um princípio de degradação e de dispersão, ou seja, de morte.

Existem, certamente, fortes descontinuidades entre a história do universo, a história da vida, a história da humanidade. Os princípios da história biológica, que junto com a criação e a evolução comportam inumeráveis modalidades de adaptações a um ambiente específico, criatividades específicas, antagonismos e complementaridades específicos, são diferentes dos princípios da história física. Os princípios da história humana não são mais os da evolução biológica, que quase parou com a evolução do *Homo sapiens*. São evoluções culturais e sociais que apareceram e se desenvolveram. Existe uma História generalizada que é complexa, que comporta uma dialética permanente entre ordem, desordem e organização, que comporta criações, complexificações, regressões, catástrofes, que comporta acontecimentos transformadores/perturbadores, bem como processos de longa duração.

A história generalizada combina o tempo cíclico, o das repetições e reiterações, e o tempo irreversível. Os planetas giram ao redor do Sol, na Terra o dia sucede a noite, as estações sucedem às estações, as sociedades estabelecem seu calendário fixando-se justamente no tempo cíclico dos astros e da própria Terra, mas é o tempo irreversível, que alimenta o tempo cíclico e que, finalmente, o destruirá.

Existem histórias: a história do universo, a história da vida, a história da humanidade. Existe uma história generalizada efetivada por uma dialó-

153

gica ordem/desordem/organização na qual se inscrevem as diversas histórias, todas elas portadoras de inovações/criações, de desintegração e morte. Para onde ela caminha? Não sabemos... As últimas novidades do cosmo anunciam que, sob o efeito de uma energia negra invisível e hegemônica, a gravitação, que tende a concentrar o universo, estaria destinada ao fracasso em benefício de uma dispersão e, como anuncia o poeta Eliot[80], o universo morreria de repente, em um derradeiro murmúrio, em "um sussurro". Evidentemente, a história humana é tributária dessa história generalizada. Ela não poderia continuar sobre a face da Terra depois do resfriamento inelutável do Sol. A emigração para outros planetas não faria senão adiar a morte...

A história humana inscreve-se na grande narrativa da hominização, que se inscreve na grande narrativa da vida, que se inscreve na gigantesca narrativa do universo. A história do universo está contida em todos nós e prosseguimos com ela em uma nova escala de realidade. A história do universo também é tão shakespeariana quanto a história

---

[80] Thomas Stearns Eliot (1888-1965). Poeta, romancista, teatrólogo, ensaísta. Seu principal biógrafo, Thomas Kirk (1918-1994), considerou Eliot como o principal pensador da imaginação moral do século XX. (N.Ts.)

humana, *como um conto narrado por um idiota, cheia de tumulto e fúria, nada significando*.[81] Quaisquer que sejam as circunstâncias, como afirmava Hugo von Hofmannsthal[82], "estamos sobre as asas do tempo, e não existem garras para nos apoiarmos nelas".

3. A sociedade humana

Já afirmamos que o ser humano é trinitário. Ele se define por meio de um circuito composto por três termos espécie/indivíduo/sociedade, no qual cada um deles é necessário à existência dos outros, cada um deles engloba os outros e, simultaneamente, encontra-se no interior de cada um deles (a espécie existe no indivíduo, com seu patrimônio genético e sua potencialidade reprodutiva, a sociedade existe no indivíduo, em sua cultura, sua linguagem,

---

81 Originalmente em inglês, a frase completa é: *like a tale told by an idiot, full of sound and fury, signifying nothing*, e essas duas palavras finais foram adicionadas à tradução. A citação integra a cena V do quinto ato de Macbeth, de William Shakespeare. Nela, Seyton, oficial a serviço de Macbeth, comunica ao Rei a morte da rainha. [Edição brasileira, William Shakespeare (1564-1616), volume I; tradução F. Carlos de Almeida Cunha Medeiros, Oscar Mendes. São Paulo: Abril Cultural, 1978]. (N.Ts.)

82 Escritor e dramaturgo, von Hofmannsthal (1874-1929), colaborou com Richard Strauss (1864-1949) e foi um dos criadores do Festival de Salzburgo, que permanece até hoje como um dos festivais de música mais importantes do mundo. (N.Ts.)

seus costumes). Qualquer sociedade é submetida a dois *softwares* quase computacionais, ao mesmo tempo complementares e antagônicos: o software comunitário (Gemeinschaft) da solidariedade diante do mundo exterior e, sobretudo, do inimigo, o *software* societal, que comporta concorrências, rivalidades e conflitos que predominam mesmo em tempos de paz.

4. Uma ética do gênero humano

O ensino deve conduzir a uma antropoética, dado o caráter ternário da condição humana, que é o de ser, ao mesmo tempo, indivíduo-sociedade--espécie. Nesse sentido, a ética indivíduo/sociedade requer um controle mútuo da sociedade pelo indivíduo e do indivíduo pela sociedade, ou seja, pela democracia: no século XXI, a ética indivíduo/sociedade/espécie requer a cidadania terrestre.

A ética, cujas fontes simultaneamente muito diversas e universais são a solidariedade e a responsabilidade, não poderia ser ensinada por meio de lições de moral. Ela deve se formar nas mentes a partir da consciência de que o ser humano é ao mesmo tempo indivíduo, faz parte de uma sociedade, faz parte de uma espécie. Trazemos em cada um de nós essa tríplice realidade. Qualquer desenvolvimento verdadeiramente humano deve comportar também o desenvolvimento conjunto das autonomias individuais, das solidariedades comunitárias e da consciência de pertencimento à espécie humana.

A partir disso, esboçam-se as duas grandes finalidades ético-políticas do novo milênio: estabelecer uma relação de controle mútuo entre a sociedade e os indivíduos por meio da democracia, fazer da humanidade uma comunidade planetária. O ensino deve contribuir não apenas para uma tomada de consciência de nossa Terra-Pátria, mas também permitir que essa consciência se traduza em uma vontade de realizar a cidadania terrena.

VI. Ser francês

Aprender a ser francês é o maior objetivo da reforma da educação, sobretudo em nosso período de crise da integração. Tal como é ensinada, a história da França parece cada vez mais estranha ao aluno de ascendência imigrada, seja ele de origem africana ou martinicana; o que a história colonizadora da França, seja ela no Vietnam ou na África do Norte, não pode esquecer de evocar no aluno são não apenas a subserviência e a escravidão, mas também as liberdades duramente conquistadas e, por vezes, as sangrentas guerras de independência. Se for judeu, ele só passa a ser reconhecido como cidadão a partir da Revolução Francesa, mas continua a ser contestado como cidadão normal pelo antissemitismo. Se for muçulmano, sofre as rejeições que se ampliam contra a religião.

    Em contrapartida, esse tipo de aluno constitui uma face da história da França que, embora essencial, é ignorada ou esquecida, é ele que identifica essa história à formação progressiva de uma unidade multicultural. É ele que registra a marca da universalidade presente na obra de pensadores, de Montaigne a Voltaire, e na Revolução Francesa. Ser francês é ter passado por um processo de afrancesamento. Durante o curso da história propriamente dita, a História da França deveria ser apresentada sob o ângulo do processo do afrancesamento.

1. Os quatro nascimentos da França

Tal como são ensinadas nos livros de história para estudantes, as origens mítico-reais da França possuem um caráter de complexidade mestiça. O primeiro nascimento reconhecido é o gaulês: dividida até a conquista romana, a Gália se forma a partir do momento em que se une contra o invasor. Por isso, história futura considera Vercingétorix como o primeiro herói nacional. O momento da formação precede um pouco o momento da dissolução, uma vez que depois de Vercingétorix ter sido vencido e imolado a Gália se tornou romana. Em consequência disso, em nossa mitologia nacional, Roma não é considerada como a potência inimiga ocupante, mas sim a coformadora, pela integração mútua dos dois componentes, de um segundo nascimento, o de uma entidade denominada exatamente galo-romana, que absorveu em si a latinidade na língua e na civilização.

A esse segundo nascimento irá suceder um terceiro, em meio ao caos de invasões que se instalou na decomposição do Império Romano. Clóvis é o operador mítico desse terceiro nascimento. Esse rei franco vai dar à França o nome que parece definir a francesidade face à germanidade, e isso pelo fato de Clóvis ser designado pelas crônicas ulteriores como vencedor dos Alamanos na batalha de Tolbiac[83], em 496 d.C., convertido ao cristianismo e coroado em Reims, ele aparecerá como o fundador da França cristã. Não foi Clóvis I quem venceu os Alamanos e os Francos, um povo germânico cuja língua era alemã. Na verdade, Clóvis operou o terceiro nascimento da França integrando nela a substância germânica e instaurando ali o cristianismo.

O quarto e verdadeiro nascimento ocorreu em 987 d.C., com o reinado de Hugo Capeto. Esse nascimento é paradoxal, pois o espaço propriamente

---

[83] Travada entre os romanos de Clóvis I, considerado rei de todos os Francos (circa 481-511 d.C.) c os alamanos, a batalha de Tolbiac foi responsável pela consolidação do reino merovíngio. Zülpich é o nome atual de uma pequena localidade com um pouco mais de vinte mil habitantes pelos dados censitários. Em homenagem à vitória, Tolbiac é nome de rua na 13ª circunscrição, estação de metrô, hotel de rede. (N.Ts.)

real não recobria senão a Île-de-France, a região de Orleans e a região de Senlis. O restante do território era dividido em vários feudos, na verdade independentes, com características étnicas e linguísticas bastantes diversas, que iam do condado da Bretanha ao ducado da alta Lotaríngia, do condado de Flandres ao condado da Provença.

2. O afrancesamento continua

A França foi construída a partir dos reis capetos, que afrancesaram populações não francesas; o franciano era o dialeto *d'oïl,* falado na Île-de-France e na região de Orleans, que, ao se impor e superpor aos outros múltiplos dialetos *d'oïl* et *d'oc*[84], transformou-se no francês.

Isso quer dizer que a França se constituiu por um processo multissecular de afrancesamento de povos e de etnias muito mais heterogêneos do que os da ex-Iugoslávia, por exemplo.

O afrancesamento não foi efetivado somente de forma pacífica, mas também não foi efetivado exclusivamente pela força. Houve coalizões e inte-

---

[84] Dialetos falados respectivamente nas regiões norte e sul da França. (N.Ts.)

gração na formação da grande nação. A identidade francesa não implicou a dissolução das identidades provinciais, mas efetuou sua subordinação e comporta a identidade da província integrada, ou seja, uma dupla identidade.

A revolução francesa deu ao afrancesamento uma legitimação republicana; ao operar uma substituição da soberania, o povo proclamou-se soberanamente como "grande nação" durante a festa da Federação de 14 de julho de 1790, na qual os representantes de todas as províncias declararam solenemente sua vontade de ser franceses. A partir de então, a França incorporou em sua própria natureza um espírito e uma determinação. Sem deixar de ser um ser terrestre, a França se tornou um ser espiritual e isso se intensificou ainda mais com a mensagem da Declaração dos Direitos do Homem, a ideia de França, em sua singularidade específica, doravante comportava a ideia de universalidade. Daí decorre o amor que a ideia de França inspirou em tantos proscritos, humilhados e perseguidos em todo o mundo.

No decorrer do século XIX, a polêmica franco-alemã sobre a Alsácia-Lorena reafirmou a concepção espiritual da identidade francesa. Enquanto a Alemanha considera como sua essa terra germânica, sob o ponto de vista da língua e da cultura, a

163

França a reconhece como sua por seu espírito e sua vontade de adesão. Foi exatamente essa ideia voluntarista e espiritualista da França que a Terceira República fez triunfar sobre as ideias oposicionistas de raça e de sangue, que o partido antirrepublicano então pregava, das quais os componentes monarquista, católico, xenófobo iriam progressivamente se dissociar.

3. O afrancesamento pela integração dos imigrados

No contexto integrador da Terceira República, o afrancesamento também continuaria no século XX, mas de uma maneira totalmente nova, não mais a partir de territórios anexados ou reagrupados, mas a partir de imigrantes vindos de países vizinhos. Naquele momento, a França ainda era o único país da Europa demograficamente declinante, no qual, além disso, as terras menos férteis são abandonadas por seus habitantes. Essa situação atraiu as primeiras ondas de italianos e espanhóis. A Terceira República instituiu as leis que permitiam que os filhos de estrangeiros, nascidos na França, se tornassem automaticamente franceses e facilitaram a naturalização dos pais. Na mesma época, a instauração do ensino fundamental laico, gratuito e obrigatório permitiu o acompanhamento da integração jurídica por meio de uma integração da mente e da alma. A expressão "nossos ancestrais, os Gauleses", imposta aos filhos dos imigrantes, não deve ser vista apenas em sua insensatez. Esses gauleses míticos foram homens livres que resistiram à invasão romana, mas que aceitaram a aculturação em um império que se tornou universalista após o édito de Caracala[85]. No processo de afrancesamento, as crianças receberam bons ancestrais que lhes falavam ao mesmo tempo de liberdade e de integração, ou seja, de seu futuro como cidadãos franceses.

Foi assim que o processo multissecular do afrancesamento formou a França. No decorrer desse processo, a Revolução Francesa introduziu no código genético da identidade francesa um princípio espiritual e a ideia de universalidade. O que significa que o retorno aos valores fundamentais franceses, compreendido nessa lógica histórica, não implica um processo de rejeição e de fechamento.

Não resta dúvida de que existiram dificuldades, imensos sofrimentos e humilhações sofridos pelos imigrados que vivenciavam acolhimento, acei-

---

[85] Pelo Édito de Caracala, promulgado em 212 d.C., o Imperador Caracala (186 d.C. – 217 d.C.) concedeu a cidadania romana a todos os súditos do Império. (N.Ts.)

tação, amizade e, simultaneamente, recusa, rejeição, desprezo, insultos. Reações xenófobas não puderam, entretanto, impedir o processo de afrancesamento, e no espaço de duas ou, no máximo, três gerações, italianos, espanhóis, poloneses, judeus laicizados do Leste e do Oriente Mediterrâneo se viram integrados no e por meio da fusão no casamento misto. A despeito de poderosos obstáculos, a máquina do afrancesamento laico e republicano funcionou admiravelmente bem durante meio século.

Essa máquina emperrou nos dias atuais? Ela se defronta com novos problemas que não pode resolver?

4. As novas dificuldades

Como vimos, houve uma mutação no afrancesamento quando, no início do século, ele se efetivou não mais pela provincialização dos territórios, mas pela nacionalização dos imigrados. Nos dias atuais, as novas condições parecem exigir uma segunda mutação.

Inicialmente, existiu o exotismo da religião ou da cor da pele em numerosos imigrados provenientes dos Bálcãs, do Magrebe, da África negra, da Ásia (Paquistão, Filipinas). É necessário ressaltar que a religião dos imigrados deixou de ser um obstáculo a partir do momento em que ocorreu a aceitação da laicidade da vida pública francesa, condição *sine qua non* da integração, e isso foi o que aconteceu com os judeus e muçulmanos das gerações precedentes que, assim como os católicos, puderam preservar a título privado sua fé religiosa. É importante reiterar, igualmente, que os negros e mestiços dos territórios de ultramar já faziam parte da nacionalidade francesa, bem como os vietnamitas e chineses. A extensão do fluxo deve nos levar a conceber que uma característica multiétnica e multicultural ampliada se tornou um novo componente da identidade francesa que, como aquela que já ocorreu nos países da América do Norte e do Sul, vai comportar a possibilidade de integrar em seu princípio todos os constituintes étnicos da diversidade planetária.

Em segundo lugar, entramos em um período de crise de identidade que tem múltiplas faces. Regional e nacional, a dupla identidade deixou de ser vivenciada de modo pacífico desde que a corrente de homogeneização mundializante ameaçou a primeira identidade. Em decorrência disso, a partir de anos 1960, surgiram reações regionalistas de defesa linguística, cultural e econômica, cujo objetivo era salvaguardar a identidade ameaçada. Embora de modo diferente, o mesmo problema se apresenta para os imigrados que querem se beneficiar da civilização francesa sem que sua identidade seja dissolvida nela. Evidencia-se o fato de que a identidade francesa deve permanecer como uma dupla identidade e, daqui para frente, respeitar de forma conscienciosa, inclusive por parte dos próprios franceses, as diversidades étnicas/culturais, o que conduz à superação do jacobinismo homogeneizante.

Em terceiro lugar, o problema do afrancesamento se apresenta nos dias atuais no contexto de uma crise da civilização urbana. Essa crise que atinge a maior parte da população francesa favorece as rejeições e as agressividades, o que, por sua vez, favorece o isolamento de gueto entre os imigrados, um fechamento nas solidariedades originais e a constituição de gangues adolescentes etnicamente fechadas. Tudo isso fortalece o circuito causal no qual as hostilidades se alimentam umas às outras, impondo mais obstáculos à integração.

Em quarto lugar, as extremas tensões que, desde a guerra da Argélia até a guerra do Golfo e o novo jihadismo, renascem periodicamente entre o mundo árabe-islâmico e o mundo ocidental-europeu, estão longe de ser pacificadas, bem como a crise do Oriente Médio, primeiro com o problema Israel-Palestina, depois com as crises de decomposição do Iraque, da Líbia, da Síria, que pesam como uma espada de Dâmocles sobre nosso futuro. A tensão muda, mas, angustiante e, por vezes, repleta de ódio de ambos os lados, constitui uma barreira invisível ao aprofundamento da integração das populações de origem árabe-islâmica. Os casos de Khaled Kelkal[86] e Mohammed Mehra[87] ilustram a oscilação entre integração, delinquência, jihadismo, que ocorre entre os jovens descendentes de magrebinos já nascidos na França.

Por último, a invasão dos imigrantes pobres do Sul e do Leste em uma sociedade caracterizada pelo desemprego e ameaçada pela crise, cria um clima favorável para as rejeições cegas. Esse fato coloca o seguinte problema: o processo do afrancesamento pode prosseguir no exato momento em que tantas condições psicológicas, sociais e econômicas são favoráveis às xenofobias e racismos, em um processo de regressão política favorável aos novos fechamentos nacionalistas e etnicistas?

---

86 De origem argelina, considerado como o inimigo público n° 1 da França, Khaled Kelkal (1971-1995) foi responsável por sete atentados terroristas, dentre eles o que ocorreu na estação Saint Michel do metrô parisiense, em 1995, com um saldo de oito mortos e 250 feridos. (N.Ts.)
87 De origem franco-argelina, Mohammed Mehra (1989-2012) integrava a facção terrorista Al-Qaeda e foi o responsável por atentados em Toulouse e pela morte de policiais e judeus. Foi morto em 2012, aos 23 anos. (N.Ts.)

5. Em prol das cores da França

Inicialmente, retiremos qualquer tipo de critério quantitativo abstrato que as taxas de imigrados integrados determinariam. Uma cultura forte pode assimilar um número bastante grande de imigrados. Desde o começo do século XX, por exemplo, uma Catalunha de dois milhões de habitantes pôde catalunizar seis milhões de não catalães. A força da cultura catalã residia no fato de ela ser uma cultura urbana, cuja língua era falada pela burguesia e pela *intelligentsia*, e não uma cultura folclórica residual das regiões agrícolas. A cultura francesa é muito forte. Ela é uma cultura das cidades, que favorece encontros nos ambientes de trabalho, nos bistrôs, nos lazeres (é preciso ver como uma grande vitória no futebol afrancesa imediata e provisoriamente negros e descendentes de magrebinos); essa cultura comporta um sistema educativo generalizado e ainda poderoso. Trata-se de uma cultura pública e cívica de caráter laico, e essa laicidade é a única capaz de integrar política e intelectualmente as diversidades étnicas. É a cultura laica que constitui uma das características mais originais da França e, simultaneamente, a condição *sine qua non* da integração do estrangeiro.

Devemos deixar de ligar uniformização cultural e laicidade. Ao contrário disso, é preciso ligar o abandono do jacobinismo cultural à regeneração da laicidade. A partir de então, nossa cultura pode ampliar ainda mais sua universalidade potencial e aceitar a ideia de uma França multiétnica e multicultural que, ao se abrir às diversas cores de pele, permanecerá tributária das cores da França, ou seja, de uma França Una.

Os Estados Unidos dispõem de uma cultura forte, mas de natureza diferente. Ela é fundada nos princípios de sua Constituição, no sonho americano de vencer na vida, na unificação dos costumes, gostos, gestos, modos de falar disseminados pelo cinema e pela televisão, o que, a despeito de imensas desordens, violências e iniquidades, lhes permite metabolizar imigrantes de todas as origens e produzir americanos. Construída e desenvolvida a partir do afrancesamento permanente no decorrer de uma história milenar, a França é diferente. O conjunto de suas leis situa-se entre o dos outros países europeus dotados de uma história singular, que durante muito tempo foram países de emigrantes, mas que não sabem integrar seus imigrados, e as leis dos Estados Unidos, que por suas próprias características constitui um país de imigração.

Em seu fundamento, o problema não é o da quantidade de imigrantes. O problema reside na manutenção da força da cultura e da civilização francesas. Ele é inseparável do problema que o futuro coloca para a sociedade francesa. Temos afirmado que a cultura urbana e a educação são fatores fundamentais para o afrancesamento dos imigrados. Mas a cidade está em crise, a educação se esclerosa. A deterioração da civilização é o problema de fundo de nossa sociedade e, simultaneamente, o problema de fundo do processo do afrancesamento.

Uma cultura forte pode integrar, mas não em condições sérias de crise econômica e moral. Nos dias de hoje, tudo está ligado: política, economia, civilização. Começamos a perceber a ligação entre cidade-periferias-moradia-atomização-jovens-drogas-imigrados-desempregados, ainda que cada um desses problemas comporte sua especificidade.

Depois de Hipócrates, Avicena[88] afirmava que era necessário tratar as causas de uma doença e não seus sintomas. Mas ele também afirmava que quando o doente está extremamente mal, é necessário

---

[88] Representante da Era de Ouro Islâmica, os escritos de Avicena (ca 980-1037 d.C.) incluíam reflexões filosóficas, teológicas, matemáticas, alquímicas. Seu *Livro da Cura* e o *Cânone da Medicina* constituíam leitura obrigatória nas universidades medievais. (N.Ts.)

tratar os sintomas com urgência. Hoje é igualmente necessário reduzir os sintomas (moradias, créditos, lazeres, esportes etc.), mas é necessário, também, não esquecer os problemas de fundo, que requerem a elaboração de uma política de fundo: uma política de civilização.

Uma política de civilização visaria regenerar as cidades, reanimar as solidariedades, suscitar ou ressuscitar as convivialidades, regenerar a educação. Essas orientações não formulam soluções, mas indicam vias.

Não é preciso excluir a hipótese de que estamos submersos pelas crises em cadeia, e que, portanto, regressões econômicas, sociais, políticas conduziriam à interrupção do processo do afrancesamento. Ao contrário disso, um progresso econômico, social ou político poderia implicar a continuidade do afrancesamento.

É necessário situar o problema da imigração em seu contexto europeu. Todos os países da Europa enfrentam hoje uma crise demográfica, todos os países ocidentais e nórdicos contam com populações imigradas. O modelo francês de naturalização e integração escolar poderia tornar-se um modelo europeu, que permitiria à Europa rejuvenescer demograficamente e assumir sua nova e futura condição de província planetária. Uma cidadania europeia permitiria aos imigrantes aceitar sua nova multi-identidade, regionalizando totalmente sua origem extraeuropeia. Mesmo nessa concepção europeia, é bom reiterar que a originalidade francesa permaneceria, pois a História da França se confunde com a história do afrancesamento.

Nesse caso, ainda, a prospecção de um futuro necessita de um retorno às origens. Daí decorre nossa convicção: continuar com a ideia da França milenar, da França revolucionária, da França Republicana, da França Universalista é continuar com o processo do afrancesamento, com a originalidade francesa na integração europeia.

Uma continuidade como essa necessitaria de uma profunda regeneração não apenas política e cultural, mas também pedagógica. De qualquer modo, o percurso será longo, difícil, aleatório, e ainda correrão sangue e lágrimas.

Conclusão

Regenerar Eros

"Tudo aquilo que não
se regenera, degenera."[89]
Edgar Morin

Não existe jamais consenso prévio sobre a inovação. Não se avança no debate a partir de uma opinião mediana, que não é democrática, mas sim midiocrática. Avançamos a partir de uma paixão criadora. Em princípio, toda inovação transformadora é um desvio. Foi isso que ocorreu no caso do Budismo, do Cristianismo, do Islã, da Ciência Moderna, do Socialismo. O desvio se difunde e se transforma em tendência, depois, em força histórica. É necessária uma revolução pedagógica equivalente à que ocorreu com a universidade moderna,

---

[89] Edgar Morin, colóquio da UNESCO, julho 2001.

que nasceu em Berlim, no início do século XIX. Mundializada nos dias correntes, é essa universidade que é necessário revolucionar, preservando suas aquisições, mas introduzindo nela o conhecimento complexo de nossos problemas fundamentais. Fundado no modelo disciplinar de universidade e na disjunção entre Ciências e Humanidades, é o sistema de educação como um todo que precisa ser revolucionado.

De qualquer modo, uma revolução selvagem das condições de aquisição dos saberes encontra-se em curso na Internet e se amplia cada vez mais. Essa revolução afeta a economia, as relações humanas e a própria educação. Atualmente em curso, o desenvolvimento de uma gratuidade na aquisição de conhecimentos, na aquisição da literatura, da música, a possibilidade de difundir gratuitamente o saber e a arte em todo o planeta, de um lado, nos abre uma possibilidade muito ampla de democratização cultural, de outro, nos obriga a repensar todo o sistema de ensino. A despeito de todas as comunicações por meio de vídeos, do Skype e de outros dispositivos, falta à Internet a presença física, carnal, psíquica, ativa, reativa e retroativa do educador, não como um auxiliar, mas como um regente de orquestra que permite considerar, criticar, organizar os conhecimentos da Internet. Depende de nós civilizar essa revolução e introduzir nela o Eros do regente de orquestra, do mestre ou do professor, que pode e deve guiar a revolução pedagógica do conhecimento e do pensamento. Quem, a não ser esse regente de orquestra, poderia ensinar concretamente as armadilhas do erro, da ilusão, do conhecimento redutor ou mutilado, em um diálogo permanente com o aluno? Quem, a não ser ele, sem ser nessa troca compreensiva, poderia ensinar a compreensão humana? Quem, a não ser ele, poderia concretamente incitar, encorajar, estimular o aluno a enfrentar as incertezas? Quem, a não ser ele, em seu humanismo ativo, poderia incitar o aluno a ser humano? Quem, a não ser esse regente de orquestra, por seu amor pela França una e diversa, poderia fazer compreender a natureza multicultural de nossa nação e colaborar para a continuidade ao processo de afrancesamento?

Essa noção de regente de orquestra inverte o próprio cotidiano da sala de aula. O professor não distribui mais prioritariamente o saber aos alunos. Uma vez fixado o tema de um trabalho ou de uma arguição, cabe ao aluno pesquisar o assunto na Internet, nos livros, nas revistas e documentos úteis ao tema do trabalho ou da arguição oral, e apresentar seu conhecimento ao professor. Cabe a ele, como verdadeiro regente de orquestra, corrigir, comentar, apreciar a contribuição do aluno, para chegar, por meio do diálogo com seus alunos, a uma verdadeira síntese reflexiva do tema tratado.

Além da escola e da universidade atual, é necessário continuar a busca dessa simbiose na educação permanente para os adultos. Não se poderia imaginar, como ocorria no passado com o serviço militar, que cada cidadão pudesse dedicar vinte e oito dias por ano a serviço de educação que incluísse a revisão e a atualização dos conhecimentos e o exercício de ginástica psíquica do autoexame? O leitor percebe isso agora. A finalidade da reforma da educação, que não é outra senão o "bem viver" de cada um e de todos, principalmente dos professores e dos alunos, requer de ambas as partes a regeneração de Eros. Isso já é possível porque, em potencial, essa regeneração já existe em ambos. Naqueles que estavam plenamente conscientes da vocação de ensinar, Eros se encontrava presente no amor pelo saber que transmitiam, no amor por uma juventude a ser educada. Nas crianças e jovens existe uma fantástica curiosidade por todas as coisas, com frequência desapontada por um ensino que divide a realidade do mundo em compartimentos separados, ou mesmo pela literatura que se converte em algo rebarbativo na era semiótica. Essa curiosidade pode ser reanimada e transformada em desejo de saber[90], não apenas com e por meio de um professor possuído por Eros, mas também por uma formação enriquecida de temáticas apaixonantes como a dos sete saberes e a da educação para a civilização.

Que fique bem entendido: isso não poderá se realizar a não ser que se estimule e eduque as duas classes da sala de aula para a compreensão mútua, e mais amplamente as novas gerações, para uma compreensão generalizada do outro reconhecido, simultaneamente, como alguém semelhante e diferente de si.

Conhecimento do conhecimento e compreensão são duas palavras-chave. O conhecimento do conhecimento permitirá identificar adequadamente os erros tanto entre os educadores, como entre os educandos, que seriam os futuros adultos da primeira geração formada pela ótica da lucidez. A compreensão permitirá identificar, reconhecer e ultrapassar muitos erros, tanto entre educadores como entre educandos, e será um precioso viático para futuros adultos, primeira geração formada na compreensão de si e do outro.

---

90 Philippe Meirieu. *Le Plaisir d'apprendre*. [O prazer de aprender]. Paris: Autrement/Flammarion, 2014; Britt-Mari Bath. Élève chercheur, enseignant médiateur, Donner du sens aux savoirs. [Aluno pesquisador, professor mediador, dar um sentido aos saberes]. Paris: Retz, 2013.

A compreensão é a mãe da benevolência.
A compreensão é a mãe do que deve constituir a virtude central de toda a vida em sociedade: o reconhecimento da plena humanidade e da plena dignidade do outro.

Compreensão, benevolência, reconhecimento vão permitir não apenas um viver melhor na relação professor-aluno, em toda relação de autoridade, em toda relação humana, bem como combater o mais cruel dos males, o mal mais atroz que um ser humano possa fazer a outro ser humano: a humilhação.

A conflitualidade não poderia ser totalmente abolida, mas poderia ser minorada ou superada por meio da compreensão. A harmonia que abole qualquer antagonismo é impossível e, até mesmo, não desejável.

Quanto progresso ético poderia se efetivar se nos enganássemos menos, se compreendêssemos melhor! Continuar com o processo da hominização teria necessariamente de levar isso em conta.

Repitamos de novo a interdependência de todas as reformas.

A reforma do conhecimento e do pensamento depende da reforma da educação que depende da reforma do conhecimento e do pensamento. A regeneração da educação depende da regeneração da compreensão, que depende da regeneração de Eros, que depende da regeneração das relações humanas que, por sua vez, dependem da reforma da educação. Todas as reformas são interdependentes. Isso pode parecer um círculo vicioso desencorajador. Isso deve constituir um círculo virtuoso capaz de encorajar a conjugação de dois modos do saber-viver:

- o que ajuda a que nos enganemos menos, a compreender, a enfrentar a incerteza, a conhecer a condição humana, a conhecer nosso mundo globalizado, a buscar as fontes de qualquer moral, que são a solidariedade e a responsabilidade;

- o que ajuda a nos situarmos em nossa civilização, a reconhecer nela a parte submersa que, como a do iceberg, é mais importante do que a parte emersa, a nos defender, a proteger a si mesmo e os seus.

Tudo isso engajaria o grande círculo virtuoso na vontade de concretizar a missão histórica do saber-viver-pensar-agir do século XXI.

Uma missão como essa seria mais que uma reforma, mais enriquecedora que uma revolução: seria UMA METAMORFOSE.

Composto especialmente para a Editora Meridional em
ArrusBT, corpo 12/18,2
e impresso na Ideograf.